U0870455

百年老店

名家的秘诀

韩国KBS《百年老店》制作组 著
陈钰 译

華中科技大學出版社
http://www.hustp.com
中国·武汉

图书在版编目（CIP）数据

百年老店：名家的秘诀 / 韩国 KBS《百年老店》制作组著；陈钰译．
—武汉：华中科技大学出版社，2015.6
ISBN 978-7-5680-0968-3

Ⅰ．①百…　Ⅱ．①韩…　②陈…　Ⅲ．①老字号-商业经营-经验-世界
Ⅳ．①F279.1

中国版本图书馆 CIP 数据核字（2015）第 130524 号

湖北省版权局著作权合同登记 图字：17-2014-135号

백년의 가게——명가의 비결 100 Years of the Shop – The Secret of a Famous House
Licensed by KBS Media Ltd.

Copyright © 2013 KBS

All rights reserved.

Simplified Chinese Copyright © 2015 by Huazhong University of Science and Technology Press Co.,Ltd.

Simplified Chinese language edition arranged with SAMTOH PUBLISHING CO.,LTD through Eric Yang Agency INC.

百年老店：名家的秘诀　韩国 KBS《百年老店》制作组　著　陈钰　译

策划编辑：罗雅琴
责任编辑：董　晗
装帧设计：傅瑞学
责任校对：九万里文字工作室
责任监印：周治超
出版发行：华中科技大学出版社（中国·武汉）　电话：（027）81321913
武汉市东湖新技术开发区华工科技园　邮编：430223
录　　排：北京楠竹文化发展有限公司
印　　刷：北京联兴盛业印刷股份有限公司
开　　本：880mm × 1230mm　1/32
印　　张：10.75
字　　数：203 千字
版　　次：2016 年 12 月第 1 版第 2 次印刷
定　　价：38.00 元

华中出版

本书若有印装质量问题，请向出版社营销中心调换
全国免费服务热线：400-6679-118，竭诚为您服务
版权所有侵权必究

超越感动的纪录片——KBS《百年老店》

《自愿又愉快的219600小时》是捷克布拉格一家名为“乌·卡利哈”的餐厅老板法贝尔·托普勒所写的自传。

面对从事了一辈子的餐厅工作，能够用“自愿又愉快”来形容的人让我们感觉新鲜异常。世界上所有人在生活中都会经历艰难困苦，我们觉得只有全身心地去迎战这些困苦的人，才会选择这样的词语来表述。这种对自己的工作全身心投入且拥有自豪感和成就感的工匠展现出的悠然自得的心态让人好生羡慕。

在KBS播放的《百年老店》节目中，每集都能让我们结识乐趣非凡的工匠。2011年1月9日，我们以《百年企业》为题开始拍摄，后改名为《百年老店》，到2013年1月20日，共播放了99集，介绍了世界116个国家和地区的店铺，真的是一段颇为珍贵的经历。

《百年老店》最初策划时立足于对细小之处的重视。经过现代历史曲折的发展，如今韩国也开始出现了百年老店，虽然大多数店铺规模还比较小，但这些店铺在各自的领域都占据领先的地位，拥有强烈的自豪感。因此，制作组秉持着希望通过节目的播出能够诞生出更多百年老店的心愿，走访了遍布海内外的百年老店，旨在期望韩国的中小企业也能够发展壮大。

在制作节目的过程中，我们关注了如下几个焦点：

第一，努力为观众朋友们呈现“百年历史”的分量。不管是大企业还是小店铺，都无法磨灭时代的印迹，因此，我们仔细考量了这些店铺是如何应对时代发展和变化的。

第二，不管公司的产品是什么，我们都仔细观察了它们的制作过程，从原材料的供应，到生产工序的最后一个环节，我们认真记录了每一个步骤，因为我们认为在一些意想不到的地方能够找到经过多年经验积累的智慧和诀窍。

第三，我们试图了解公司的运营系统，包括公司内部的沟通过程、针对人员的管理等内容。经历一百年的岁月存留至今，这其中必然有其独到的经营之道。根据拍摄对象的不同，有些可能会强调产品的历史性，有些则会以制作过程为核心内容。

最后就是去了解“人”，不管是采访中的一句话，还是打磨产品的一个小小的指尖动作，都让我们感受到生活的艰辛，店员长满老茧的手指、磨损的指甲等都是最好的见证。我们努力用这些无须语言描绘的视频更真实地传达他们的感受。

现在将《百年老店》的内容编纂成书呈现在读者的面前，让我们觉得颇为欣慰，这让我们反思节目存在的不足，也让我们心生敬畏。我亲眼见证了节目制作组的每个人都在各自领域中竭尽全力地完成任务。我们也真心希望通过这本书将节目所传递的感动再一次感染读者，使他们长久铭记。

KBS《百年老店》总监制李鹤松

在韩国收获开店的成功

每一天都会有无数的店铺消失又出现，听说韩国私营业主的比率超出 OECD 国家平均值的两倍，眼见着大伙纷纷扎堆创业，被称为绝对能赚钱的“餐饮生意”现如今也和人们火红的希望相距甚远。不久前我曾在新闻中看到一篇报道，上面说经营超过 20 年的餐饮店寥寥无几，问题到底是出在哪里呢?

当然有不少店关门大吉的原因是出自外因（昂贵的租赁费、商圈的重复等），但我认为还有一个很大的原因在于这些店铺没有差别，未能体现出专属于自己店铺的特色。

“小伙家蔬菜店”怎么样呢?当很多人询问我们成功的秘诀时，我们都会说是坚守原则和维护价值。

那便是努力做到“小伙家蔬菜店的品质不会差”这一最高品质要求，大家都相当于是店铺的主人，店员之间保持着如家人一般的纽带关系。

我用拉卡车卖菜攒的钱开了“小伙家蔬菜店”，转眼也已经过了15年，想要赶上《百年老店》这本书中所说的店铺，还有很远的距离，而且我也无法保证自己真的能够走到那么远，但我在此书中再次获得了力量，重新收获了自信，确立了全新的目标。

虽然所谓的一百年时间是象征性的，但对于经营着生意和事业的人来说，这是超越了物质成功，获得至高自信与荣誉的标志，从某种意义上讲，那简直就是超越畅销书而成为经典，实现了事业上超越时代的价值。

成为梦想中的百年老店的条件是诚恳用心！

《百年老店》有趣地展示了全世界长寿店铺所拥有的经营秘方，从著名旅游景点的餐饮店，到作为所在国家所在城市的象征代代相传的长寿店铺，再到工匠指尖所绽放的价值超越文化意义的长寿店铺……

这些店铺出售丰富多样的饮食、物品和服务，但令人惊奇的地方就在于它们拥有相似的美德和价值观念，这和“小伙家蔬菜店”一直以来践行的以及日后依然要保留的美德并无二致，这便是在店铺经营上“诚恳用心”。虽然有细微的差别，但百年老店忠于最为基本的品质，并且认为人就是店铺，就是企业，正是因为我在实际经营“小伙家蔬菜店”的过程中领悟到了经营核心，所以《百年老店》中所记录的长寿店铺的经营秘方让我更加有感触，“诚恳用心”总有一天会传递出去。

通常被称为“老店”的长寿店铺在韩国非常少见，因为韩国战争的爆发，不少家业的传承被迫中断，而随着产业化的加速发展，不少老店也消失陨落。我绝不怀疑，等到社会走向安定和发展，韩国也会出现不胜枚举的长寿店铺。

相信对读者们而言，这本书会是一个不错的机会，让大家有机会梦想打造出超越“小伙家蔬菜店”的属于自己的店铺，能在韩国这片土地上走遍书中各地的人只是极少数，所以阅读此书的你我之间的距离并没有想象中那么大，我也梦想着打造出百年老店，但可以肯定的是，我们任何人都可以梦想着打造自己的百年老店。

而且就算各位读者志不在经营创业，我也很想告诉大家，这本书中囊括了各国丰富又珍奇的文化，这些宝贵的经验值得大家去阅读了解，这是本收集了全世界最了不起的店铺的书，所以希望大家不要错过。

李永锡（“小伙家蔬菜店”代表）

百年老店，成功的秘诀

在短则100年，长则1000年的岁月中，即便国家、行业、历史皆有所不同，对这些一直传承下来的“百年老店”而言，与那些无度扩张的生意相比，它们更忠于自己的本职，具有与地区社会共存的通用型竞争力，而其最大的原动力就是在坚守传统的同时持续不断地推进革新。

长寿店铺在一个地方传宗接代，并保存着传统技术，通过持续性的发展维系了店铺的发展，只有后代持续不断地努力，才能保障店铺的未来。超越六代传承，甚至到二十代，“百年老店”的子孙后代们秉持着传承历史的自豪感，即便面对艰难险阻也依然努力维持家业；而在维持多年的店铺背后，还存在一辈子默默付出走自己道路的工匠，借助这些人永不停歇的手，店铺的历史也随之源远流长。

即便执着于多年的制作方式，并努力维持传统，但这些店铺绝对不会被传统所吞没。为了正视时代的变化，满足消费者不断变化的需求，这些店铺也依然在持续不断地开发和创造全新的产品。知道该坚持什么该改变什么，也是历经多年岁月所获得的经验，这就如同在走钢丝一般，正因为在惊险刺激的传统和革新之间很好地维持了平衡，才没有坠落。

日本京都是世界闻名的拥有众多老店的城市，超过千年的老店就足足有五家，从日本京都府府厅的企划理事山下昭政的话中，我们就可以一窥究竟。

“如果同时存在拥有1兆日元销售额的企业和传承了千年的企业，那么传承千年的企业更具价值，如果在经营的时候没有抱持着这样的信念，就无法成为多年老店。”

也就是说，如果长寿店铺的继承人们单单只追求利益，就不会有现如今的历史。在这个只知道朝前看的社会中，只有坚持传统、始终如一加上在考虑传统价值的基础上当地社会和国家为保全传统所作出的持续不断的努力，才能够创造出百年的历史。珍藏着历史深度并怀揣着人文温度的百年老店就像是一幅拼图，只要掉落了其中一块绝对无法保全。坚守家业的家族和坚守社会的社会成员，懂得这份价值的顾客和当地社会、国家，这所有的元素都成为一块块珍贵的拼图，成就了百年店铺。

随着产业不断升级和迅猛变化，家业的维持变得越发困难，传承百年家业变成了一道难以攻克的课题。在追求效益的商务领域也有法则，在经营的时候不能只单纯追求事业上的成功，而是要有并行的经营哲学，经营着长寿店铺的人们比任何人都更清楚，成功需要很多因素。

这段时间通过《百年老店》播出的海外店铺共涉及 100 多个地方，我们追踪全世界百年老店的秘密，真实地描绘了各个企业所面对的成长和危机瞬间以及他们克服这些危机的感人时分。用传统美味俘获全世界人味蕾的店铺、在工匠指尖诞生出犹如艺术品般作品的店铺和以让顾客满意为经营哲学传承了100多年的店铺，坚守着各自的历史，这些规模和行业各不相同的店铺也保留着各自的价值。

作为书再次诞生的《百年老店》介绍了以“古法创新”精神前进发展着的11个国家20个地区的名店。我们严选了节目内容中那些具有代代相传、品质始终如一的美味和工匠手艺的卓越名店，记录下了他们所传承的货真价实的成功秘诀。

| 目录 |

发刊词 | 超越感动的纪录片——KBS《百年老店》

推荐词 | 在韩国收获开店的成功

序言 | 百年老店，成功的秘诀

第一章　坚守始终如一美味的百年老店

继承 111 年传统的那不勒斯美味　意大利披萨名店　**斯塔瑞塔** · 4

坚守 222 年传统的京都美味　日本豆腐皮名店　**汤波吉** · 18

照耀时代美味　日本寿司名店　**银座寿司幸本店** · 34

缔造时代所需的味道　日本怀石料理专营店　**平八茶屋** · 52

传承顶级肉味的 100 年老店　西班牙精肉店　**索罗布耶** · 68

用革新传承的抹茶美味　日本抹茶名店　**中村藤吉** · 84

第二章　匠人指尖孕育的百年老店

对作品进行再创作　德国传统相框店　**F.G. 康泽恩** · 102

复原历史的价值　比利时古董专卖店　**考斯特门斯** · 120

敲打传统　土耳其制铜工艺名店　**卡斯兰・巴克兹乐克** · 134

划破历史的水纹　意大利贡多拉造船厂　**多米尼科・查蒙蒂纳** · 150

超越历史走向世界　土耳其皮鞋名店　**德德玛・奥斯曼尼・查勒科** · 164

传承时代的鸣响记录　奥地利传统钟　**格拉思迈尔** · 180

222 年传统缔造的瓷器　波兰瓷器名店　**斯米洛夫** · 196

第三章　靠信誉获得认可的百年老店

流淌着历史的织物　法国织物名店　**让·罗泽**·214

靠奢华俘获世界　土耳其传统陶瓷工坊　**奎拉伊·充莱智利克**·230

创造梦想的铅笔工厂　葡萄牙铅笔公司　**范奥可**·246

仅为一人制造的宝石　比利时宝石店　**德·格瑞夫**·262

终生品质保证，110 年传统　美国随身携带小刀　**巴克小刀**·276

用传统技术完成的现代风情　德国帽子名店　**胡特夸尼希**·290

为了舒适的睡眠历经 182 年研究　日本寝具公司　**岩田**·306

| 后记 | **韩国店铺，走向 100 年**·322

备注：

本书中提及的各店铺的创业年份和历史都以 KBS《百年老店》播放时（2011 至 2013 年）的信息为标准。

百年老店

名家的秘诀

- 斯塔瑞塔
- 汤波吉
- 银座寿司幸本店
- 平八茶屋
- 索罗布耶
- 中村藤吉

第一章

坚守始终如一美味的
百年老店

继承111年传统的那不勒斯美味

意大利披萨名店
斯塔瑞塔

“我们只是想要让大家知道那不勒斯的绝佳美味。”

——斯塔瑞塔第三任老板安东尼奥・斯塔瑞塔

位于那不勒斯马塔利大街一处僻静小巷的“斯塔瑞塔”

位于意大利南部坎帕尼亚州中心的那不勒斯，如今依然完好地保留着美丽的风光和悠久的历史。这里曾一度沦为古希腊的殖民地，从罗马帝国时期开始，它就一直是繁荣的港口城市，弥漫着古老的城市芬芳。

提起披萨，相信任何人都会想起意大利，而在意大利，披萨的始祖就是那不勒斯披萨了。用一些简单食材制作，只要五分钟的时间就能完成的披萨，使那不勒斯人颇为自豪。放在火炉上烤制酥脆的那不勒斯披萨美味十足，但相对来说食材却非常的简单，这些披萨和我们常吃到的美式披萨或速食披萨不同，它们非常清淡，能够让人感受到健康食材的风味。

那不勒斯的马塔利大街没有一幢著名的建筑物，它只是一条多年来从未改变过的小巷，这里可以见证这座城市里人们的生活。在如迷宫般连接的住宅楼边伫立着始终如一坚守美味的百年老店，延续着那不勒斯市民众的生活。

斯塔瑞塔（Starita）是在过去的111年来一直坚守在这条小巷上的一家传统披萨专卖店。这里的披萨拥有顶级的品质以及便宜的价格，是当地人很喜欢去的一家传统披萨店，真正散发出“那不勒斯之味”的披萨店。

那不勒斯地区居民最爱的披萨

斯塔瑞塔在那不勒斯地区极富盛名，只要是当地的居民，提起斯塔瑞塔就都知道。所以和那些游客成群的市中心店铺不同，这里的客人有超过70%都是当地居民。当然也有很多其他地区的人为了一尝传统那不勒斯披萨的美味而来到这里，斯塔瑞塔已经成为当地人的骄傲，地位颇高。

每天到了晚上7点，这条原本僻静的小巷就会变得热闹起来，这是由于那些来一尝斯塔瑞塔披萨的人们的到来。等待超过一个小时是很常见的，即便是过了晚饭点，店铺前也依然是人头攒动、顾客成群。

在心情愉悦地等待之后，进入店铺时，迎接顾客的便是入口正对面厨房里飘出的浓郁披萨香。店铺里约有20张桌子，在结束营业的11点之前，这里会不停歇地接待顾客。人们来到这里的原因非常简单，就是为了品尝“那不勒斯传统披萨”。只要是那不勒斯人，谁都不忍拒绝传统披萨的美味，这便是过去111年的岁月里，斯塔瑞塔所追求的味道。即便对于那些未曾听说过那不勒斯披萨的人而言，第一次品尝过后，他们都会发出感叹。看

第三任老板，安东尼奥·斯塔瑞塔，在坚持制造美味并从中获得自豪感方面，他比谁都在行。

到这样的景象，第三任老板安东尼奥从中获得鼓励，努力制作出更美味的披萨。

光顾45年的熟客卡普托家几代人都是斯塔瑞塔的常客，不久前他向安东尼奥老板订购了派对要用的披萨，他并没有什么特别的要求，只要带来斯塔瑞塔制作的传统披萨便好。这个派对其实是为离乡一年的好友所准备的，而想要回味故乡那不勒斯的味道，没有什么比得上斯塔瑞塔披萨了。对于了解那不勒斯的人而言，斯塔瑞塔披萨极其特别，其中不仅有传统的味道，还同时融入了现代那不勒斯的美味。

代表那不勒斯披萨的招牌是“玛格丽特”，即在和好的面团上涂上番茄酱，再放上马苏里拉奶酪和薄荷香浓郁的罗勒。这款披萨诞生于1889年，当时一位披萨厨师制作这款披萨是为了取悦意大利女王玛格丽特。玛格丽特女王在品尝过这道美味后，便

代表那不勒斯的传统披萨“玛格丽特”

爱上了这味道，并开始以自己的名字来命名这款披萨，之后它就成为了象征那不勒斯的披萨。

红色的番茄酱、白色的奶酪和绿色的罗勒，正好代表了意大利国旗的颜色。那不勒斯传统披萨就是这样，用尽可能少的食材制作而成。不放奶酪，只是加入了番茄酱、大蒜以及苦味的薄荷制作而成的“麻林纳拉”，也是代表那不勒斯的传统披萨。虽然形状简单，但味道足以让人感受到披萨的风味。

在过去的 111 年里始终坚持传统方法制作披萨的斯塔瑞塔，现如今也扩展了店铺，做出了很多的改变。即便如此，他们依然坚持使用优质的面粉和食材，所以在味道上才能做到始终如一。数十年来一直来店里的熟客，见证了他们所走过的路。

制作传统美味的食材

安东尼奥老板认为，斯塔瑞塔的披萨之所以受到大家的喜爱，不仅在其美味，还在于他们对传统的坚持。也许这个回答会让那些期待得到特别秘方的人感到失望，但那不勒斯披萨并没有秘密。他说：“那只是披萨而已，我们只不过是在做披萨罢了。”可是他所说的“只是披萨”，其中也包含着更深一层的含义，那就是坚持传统所做出的真正的披萨。虽说只是坚持传统制作出了美味的披萨，并没有什么特别的秘密可言，但其背后还隐藏着特别的努力。

被那不勒斯披萨协会认可为“传统披萨专卖店”的斯塔瑞塔

斯塔瑞塔披萨采用的番茄是剥了皮的熟透的番茄，这些番茄经过挤压浓缩后做成了番茄酱罐头，打开罐头，就能看到一整个的番茄。这种番茄的好处在于，不需要用白糖增加甜味，就算直接吃，味道也很甜美。可是在制作披萨的时候不能直接使用这些番茄，需要在其中加入盐做成酱汁。斯塔瑞塔使用的食材还有一个共同点，那就是生产地全都是那不勒斯所在的意大利南部地区。

为了保护那不勒斯传统披萨，并与其他的速食披萨相区别，1984 年那不勒斯披萨协会制定了必须使用指定食材的规则。按照这套规则执行的店铺，在通过协会的披萨成分分析之后，就能获得传统披萨专卖店的认证。斯塔瑞塔所获得的，就是代表着“特产传统保证”缩写的 STG 等级的认可。正因为此，从番茄到马苏里拉奶酪、罗勒甚至是橄榄油，都必须使用指定的食材。顾客们在看到店铺门口的 STG 认证招牌之后，就知道这家店铺使用的全部食材都是用以制作 STG 等级披萨的。

意大利足足有两万家披萨店，其中只有 1% 会遵循这一规则。

通过严苛检查过程的马苏里拉奶酪

而在这 1% 中，为了呈现出完好无损的传统美味，做到顶级中的顶级，斯塔瑞塔一直没有放松警惕，为此他们也在指定的食材和新鲜度上竭尽全力。

和番茄酱或面粉这种可以贮藏使用的食材不同，马苏里拉奶酪必须要一直保持新鲜的状态，所以必须每天早上供应，因此这些奶酪都是前一天晚上 12 点到凌晨 1 点之间做出来的。斯塔瑞塔并不是光凭外观来判断奶酪的新鲜度，而是一定要试吃进行判断，安东尼奥老板会最先品尝其味道。

所有的食材交易都会像这样经过老板的严苛检查，与之合作了 29 年的奶酪公司是从老板父亲执掌时就开始和斯塔瑞塔合作。安东尼奥老板没有半分的懈怠，而奶酪公司也非常清楚，只有将最顶级的产品带来才能通过检查。之所以要如此精心地筛选食材，就是因为食材决定了披萨的味道。

不添加特别的调味品或刺激性的酱料，只是让人感受到食材最原始滋味的健康食物，就是传统的那不勒斯披萨。所以当意大利土地上生长的优质番茄和奶酪融合在一起时，披萨的新鲜度和美味才能达到绝佳状态。

用先辈的特别技巧制作的披萨

斯塔瑞塔的创立者是第三任老板安东尼奥的祖父和祖母。在1901年斯塔瑞塔开创时，披萨还不过是用来填饱庶民肚子的廉价食物。可是到了20世纪20年代，随着移民的迁移，那不勒斯披萨也进入了世界市场。之后原本制作传统披萨的店铺，也开始为了迎合越来越多的游客的需求，改变烹调方式，用更快速更简易的方法制作披萨，但是斯塔瑞塔却从未改变过初衷。

和面团是决定披萨口味的核心技术。斯塔瑞塔在面中会配比使用四种食材：水、盐、面粉和酵母。只用这四种食材和面的方式，也是那不勒斯披萨协会规定的入选传统披萨店的条件。虽然使用的食材是固定的，但为了面团的口感，比例的调节就在于店铺自身了。

根据气候和温度的不同，斯塔瑞塔在和面材料的比例上会随时做出调整，冬季会少放些面粉和酵母，夏季则会多放些。如果缺乏经验，比例的调节是很难实现的。这个过程中绝对不允许失误。它不是利用机器来操作，也算一种手工业。从创业之初开始，这项父子相传的和面材料配比技术，就只有安东尼奥和儿子掌握。发酵了30分钟的面团，会被再次制作成圆形。

揉成圆形的面团（上）
蕴含着披萨美味秘密的火炉（下）

将面团揉成圆形的工序，是由拥有 47 年工作经验、负责和面的员工科齐鲁·卡卡修负责的。光靠过去多年积累的经验，他就能完成这一切。其中至关重要的一点是，面团要保持一定的尺寸，重量需要保持在 260 ～ 270 克左右。科齐鲁多年来一直进行这项工作，所以即便不用秤称量也能靠手感知晓分量。

一块面团的分量就是一张披萨的分量，当重量过多或过少时，将影响番茄酱以及奶酪等其他食材的和谐搭配。做好的面团会在常温状态下自然发酵十个小时，经过发酵过程的面团，不仅劲道十足，而且口感绵柔。

由此，每天早上都需要制作第二天使用的 1000 盘面团。这里是不需要冰箱的，虽然当有剩余面团时，需要存放入冰箱，但因为顾客很多，所以到快结束营业的时候，面团就所剩无几了。

制作那不勒斯传统披萨，还有另一个可以与和面团比肩的秘密，这个秘密就在半圆形的火炉里。火炉入口的大小是固定的，横向 42 厘米，纵向 25 厘米。为了让炉内保持一定的温度，里面填满了耐火砖，而用于火炉的柴火则是山毛榉木。

使用烧柴火的火炉也是那不勒斯披萨协会认可传统披萨店铺的条件之一。从创业之初，斯塔瑞塔就一直坚持着这一做法。

齐心协力工作的员工

斯塔瑞塔的员工们，会在食材的准备、和面、服务等各个领域组成小组。25 名员工是一个集体，互相成为了对方的手、脚和脑袋，齐心协力一起工作，这也是这家历史悠久的披萨店具备的最大的实力。斯塔瑞塔将聘用员工的亲属作为经营方针之一，他们聘用员工的家人，自然地形成了互相信任和珍惜的关系。父亲和儿子一起工作，父亲教导儿子，在此过程中，传统技术也更加巩固。

安东尼奥老板的职务很快也要转手给第四任继承人，也就是他的儿子邱塞波。今年是他带领儿子工作的第 15 个年头，儿子也已然长大了不少，如今已经能够和安东尼奥老板一起负责披萨店的管理工作了。

每天早上的 8 点到 11 点，整理餐桌的员工和在操作间工作的 25 名员工全都各就各位，为中午时间段的营业做准备。中午 12 点，是斯塔瑞塔正式开始一天工作的时间。即便是平常日子，中午只要店门一开，顾客就会源源不断地进来，员工们也跟着忙碌了起来。

从火炉上移出披萨的工具

在 25 名员工之中，只有一个人在单独工作，他就是负责守在火炉边烤披萨的帕斯库阿莱。和他在一起的只有两件工具，一个是移动披萨的工具，它的形状与铁锹类似，可以将披萨放在上面移进移出。它是用铝制作而成的，上面钻有许多小孔，这是为了在转移披萨时，不要让披萨黏在上面。另外一个则是将披萨转入火炉的工具，形状也跟铁锹差不多，但更加小巧一些，而且是圆形的。这上面也同样钻了许多小孔，因为必须用这个工具快速地转动披萨，如果转得不够快，铁盘就会变得滚烫，披萨也就会黏在上面。

披萨只能在摄氏 485 度高温的火炉内烤制三分钟，超过三分钟，面团就会烤老，上面的食材也会跟着烤焦。所以需要随时移动披萨的位置，让披萨受热均匀。这就是帕斯库阿莱过去 30 年来一直负责的工作。他说，能够用这些工具在火炉里烤制披萨，他非常开心。这些工具就是他的同伴，也是他得力的助手。

这里的员工全都认为自己的工作非常棒，正因为这是自己喜欢的工作，所以他们才会建议家人加入，也才会带着热情工作。像这样饱含着制作之人的喜悦和能量的披萨，也会让吃的人备感开心。

在持续不断的变化中书写新的历史

营业开始才 1 个小时，店铺里已经坐满了顾客。一般来说晚上来斯塔瑞塔的顾客多是职场白领，而到了白天则以带着孩子的一家人为主了。不过以一家人为单位来访的顾客所偏爱的菜单会略有些特别，和传统披萨相比，他们经常会点用更丰富的食材制作而成的披萨。

从核桃奶油香肠披萨到乒乓球状的披萨，13 年前开始，斯塔瑞塔研发出售了 70 多种全新的披萨。进入 20 世纪 90 年代，随着那不勒斯地区汉堡包店铺的增多，青少年顾客们减少了很多，而这些特色披萨就是为了吸引这些小顾客而开发的。

虽然这是一家以超过 200 年传统为骄傲的那不勒斯披萨店，但也开始面临快餐业的竞争。他们需要做点改变，使现如今的产品有所变化。光靠招牌的玛格丽特和麻林纳拉披萨，顾客也许半个月会来吃一次，但如果披萨品种变得更加丰富多样，顾客也许就会考虑一周来吃上四五次。以此为出发点的披萨品种的开发也开始吸引不同年龄的顾客。

当然即便是制作全新的披萨，店里依然会坚持使用自然发酵的面团，也依然会坚持在使用柴火的火炉上进行烤制，价格也依然保持在 5 欧元左右，换算成人民币大概 50 元，价格算是比较便宜的。因为和较高收益的行业相比，他们相信顾客源源不断的脚步是其发展的动力。

斯塔瑞塔在传统之中持续不断地尝试变化，22 年前开始的外卖服务也是如此。当时外卖这种形式还不普遍，斯塔瑞塔是最先开始提供这项服务的店铺。如今人们周末喜欢在家里一边看着足球比赛一边吃点东西，就算是叫外卖也能吃到一样热乎乎的美味披萨，让很多人都热衷于叫外卖。借助于此，斯塔瑞塔穿越了店铺所在的住宅区，已经将那不勒斯内各个地区的顾客都网罗成了自己的熟客，而这项服务也在业内引起了不小的反响。

在过去的 111 年里，一直坚守在那不勒斯古老小巷中的斯塔瑞塔，又开始了一项全新的挑战。四个月前，他们在美国纽约开门营业。将第一家分店开在外国的目的只有一个，就是要尝试让那不勒斯传统披萨在世界各地扎根。虽然随着时代的变迁，许多事物都丧失了本来的面貌，斯塔瑞塔做的就是要还原事物的本来面目。安东尼奥老板表示，第一家分店开在纽约，接下来还会到东京、澳洲、首尔等地开店。

“我现在年纪大了，做这些会很辛苦，但我认为继承我心志的年轻人会将店铺发展得更好，他将在世界各国制作我们那不勒斯的披萨。”这表明了安东尼奥的抱负。

用严格挑选的食材和传统的料理制作方式，传承着始终如一的那不勒斯美味的斯塔瑞塔将超越时间，并以继承传统为基础，直到今天依然在那不勒斯的狭窄小巷里，书写着全新的历史。

1. 使用保持传统的新鲜食材

斯塔瑞塔披萨美味的秘诀之一就是每天早上 11 点送来的新鲜食材。区别于速食披萨，这里只使用那不勒斯披萨协会指定的食材。为了保留传统那不勒斯披萨的风味，马苏里拉奶酪必须要保持新鲜，使用在早上得到的前一天晚上刚刚制作完成的奶酪，安东尼奥老板会亲自品尝。奶酪必须要通过他的验收才行，这道严格的工序一直在继续着。

2. 世代相传的和面团秘方和自然发酵

面团是决定披萨美味的最重要的因素，所以材料的配比是从先祖开始传承下来的，只有安东尼奥和儿子知晓。在早上做好面团，并进行 10 个小时的自然发酵，这就是斯塔瑞塔独有的秘诀。和那些将多余的面团存放在冰箱待用的店铺不同，销量很高的斯塔瑞塔到晚上会将早上制作的面团全部销售完毕，所以才能一直提供新鲜的披萨。

3. 齐心协力工作的员工

现在的斯塔瑞塔是由包括第三任老板安东尼奥和他的儿子在内的 25 名员工一起经营运作的。在食材的准备、火炉、顾客的接待等各个领域，尽忠职守的 25 名员工都自豪地认为自己是“强大的团队”。

4. 用变化和全新的尝试打造未来

在那不勒斯，随着速食餐厅的增多，斯塔瑞塔的销量也随之减少。13 年来斯塔瑞塔开发出了迎合现代人口味的 70 多个新品种，从而收获了每天销售 700~800 个披萨的成果。另外店里还开创了外卖服务，并在美国纽约开设了第一家分店。斯塔瑞塔迎接着全新的挑战，为梦想和未来准备着。

店铺信息

地　址	Via Materdei 27~28, Naples, Italy
官网主页	www.pizzeriastarita.it
电　话	+39-81-5573682
营业时间	每天 11:00-23:00

坚守222年传统的京都美味

日本豆腐皮名店

汤波吉

“在力所能及的范围尝试全新的挑战是坚守住我们店铺历史的方法。”

——汤波吉第九任老板越智元三

日本京都的“锦市场”

在流淌着 1200 多年历史的日本京都，有一个在时代变化下依然坚守着城市原貌的地方，那就是锦市场。400 多米的狭窄小巷遍布着出售海鲜、蔬菜、小菜的店铺，这是 1615 年就开门营业的传统市场，被称为京都的厨房。这里拥有大部分大型超市能够轻松采买到的食材，当然论便捷方面，还是大型超市更胜一筹。但是当京都人想要采买一些更为特别的食材时，就会来锦市场。

位于这个复杂市场小巷中心的汤波吉是过去 222 年里在锦市场制作豆腐皮出售的一家历史悠久的豆腐皮专卖店。在 400 多年前，豆腐皮就成为备受京都人喜爱的料理食材。这是熬煮豆浆之后捞出制作而成的一层薄薄的皮，日语称之为“汤叶”。这道象征着日本千年古都的乡土食物，保留了黄豆原本浓郁的美味，没有半分添加或削减。

如摊得薄薄的煎鸡蛋般泛着淡黄色的豆腐皮，对韩国人来说略感陌生，但对京都人而言，却是非常熟悉的食物。这是将黄豆碾碎后，榨干汁水做成的口味清淡的食物，也是京都料理中不可或缺的食材。用大自然中健康成长的黄豆、干净的水以及传承九代的传统方法打造出京都美味的、有 222 年传统的豆腐皮店，就是汤波吉。

制造出顶级品质的工作

位于店铺后方的工坊正在制作汤波吉新鲜的豆腐皮。从店铺开门营业的凌晨 5 点开始，到营业结束的晚上 6 点，工坊会片刻不停歇地运转。

汤波吉总共有 12 名员工。根据工作性质，他们的工作被划分为食材的准备、运输、制作等各项业务模块。在这里工作的森田彰史负责干豆腐皮的制作，他是制作了 10 年豆腐皮的老手。刚开始从事这份工作时，他也觉得很辛苦，但慢慢地就适应了。刚加入这里的新员工，都会从容器清洗的工作开始，渐渐地才能参与到豆腐皮的制作过程，接下来就会在卷干豆腐皮的工作中体会到自我成长的意义。

从制作生豆腐皮后余下的浓郁豆浆中捞上来的干豆腐皮其貌不扬，但对于它的模样并没有什么特别的要求，所以坚持 2 ～ 3 个月左右，经过每天制作就渐渐熟悉了。虽说这算是比较简单的工作，但捞出干豆腐皮这件事，也是需要仔细观察厚度和浓度的变化的。因此，只有积累了超过两年工作经验的员工，才能参与

制作汤波吉美味的秘密黄豆

到这项工作中。

工作开始是黄豆的准备，豆腐皮味道的秘方就在于如何保留黄豆原本美味的这项技术。各种不同种类的黄豆的配比，就是汤波吉所具备的第一项技术。

新泻县的黄豆品种“恩来”味道比较的清淡，是最适合用来制作豆腐或豆腐皮的材料。另外名为“后藤裕”的品种是最近改良过品质的滋贺县产的黄豆，味道微甜。汤波吉结合了这两种黄豆的优点，制作出美味的豆腐皮。

这里依然沿用方斗，并对其进行了改良。正四方形的方斗是

将泡好的黄豆碾碎后制作而成的“黄豆粉”

木质的，从古代开始就是称量黄豆的一种工具。根据产地和农作物状况的不同，按照不同黄豆的特点来调整配比，也是决定着豆腐皮美味的秘方之一，正是这个配比造就了每家店铺所独有的味道。

配比完成之后，就需要用水将黄豆泡软。光是泡黄豆的时间就要 8 个小时，根据气候和温度的不同，时间也可能延长到 24 个小时。另外根据季节的不同，泡黄豆的时间也需要调整。如果泡的时间太长，黄豆的黏性就会降低，无法形成薄膜；而如果时间泡得不够，黄豆就会留下硬心。所以一般夏天泡 8 个小时左右，而冬天则泡 20 个小时左右。根据黄豆浸泡时间的不同，豆腐皮的颜色和甜度也会有所不同。

这种泡好的柔软的黄豆放入粉碎机中碾碎后，做成粘稠的糊状，一般质感会非常柔和，也就是所谓的“黄豆粉”。随后黄豆粉被自动传送到高压锅内，加入水搅拌并用大火熬煮。黄豆粉在熬煮的过程中会形成很多的气泡，一旦形成气泡，就没法很好地熬煮豆浆，豆浆会溢出来。所以需要先加水进去搅拌后再提升温度，经过这个过程之后，黄豆的豆腥味就会消失殆尽。

接下来就是要用网来筛了，一开始会用比较稀疏的网来筛，接下来会用中等密度的网来筛，最后还要用密集的网再筛一遍。

豆浆表面上形成的薄薄的膜就叫豆腐皮

经过这个过程之后，细薄柔软的豆腐皮就诞生了。用疏密程度不一的网来筛豆浆，也是过去 222 年来汤波吉在经验中累积出来的制作技术。像这样经过三道工序之后，就会将豆浆里的残渣分离掉，制作出保留了黄豆清新香浓口感的豆浆。豆浆一旦完成，就要开始正式制作豆腐皮了。

从 60 多年前开始，汤波吉就采用蒸汽的方法来蒸煮豆浆，这是为了能够持续加热，制造出一定厚度的豆腐皮。在巨大的铜板下面装满水，而通过穿过其中的蒸汽管道的热度加热铜板，这种方式就是用蒸汽的热量间接地蒸热豆浆，之后再捞出豆腐皮。

加热过的豆浆会再次产生泡沫，此时如果不能迅速地清除泡沫，蛋白质就会凝固，豆腐皮的表面就会变得粗糙。而在蒸热豆浆时，铜板上温度保持在摄氏 80 度左右，经过大约 10 分钟后，豆浆表面就会形成一层薄薄的膜，这就是豆腐皮。将刚制作好的

最先捞上来的“首层豆腐皮”用作高级餐厅的食材

豆腐皮用筷子捞上来，这最早制作好的是味道最为清爽、品质顶级的豆腐皮。

俘获现代人的传统美味

柔嫩酥软的生豆腐皮主要用于包裹其他食材食用。将豆腐皮卷起来后制作而成的干豆腐皮，则主要是酱汤或火锅的食材。干燥得比较好的干豆腐皮可以存放 2 个月。

根据干燥状态、大小和用途的不同，现在汤波吉总共制作并出售七种豆腐皮。产品卖完之后会立刻将做好的豆腐皮再次填满陈列台。因此，这里的豆腐皮也以其新鲜而闻名。

用一根长长的竹棍像撕开纸张一般一张张捞起来的豆腐皮，会被依次制作成不同的产品。最先捞上的“首层豆腐皮”，是豆腐皮中颜色最白皙、质地最柔嫩的，所以常被用作高级餐厅的开胃菜食材。在价格方面，一板约350克的量为1800日元（人民币110元）。餐厅一般会在小蝶中放上一些豆皮，再放入些海胆，佐以酱油和山葵呈上。

汤波吉的招牌产品：生豆腐皮

接下来捞上来的泛着黄色的生豆腐皮是汤波吉的招牌产品，一般家庭里用来包其他食材食用或做天妇罗炸衣用。其颜色呈半透明状，而且形状必须是四方形。而将这些生豆腐皮捞上来的工作是由越智店长全权负责的。他靠眼看和手摸来判断厚度，再用筷子捞上来。像他这般熟练的操作技巧，是需要耗费几年时间才能达到的，更何况每次豆皮的厚度都要保持均衡统一。因为形态和厚度都是靠眼睛直观进行判断，所以光靠理论是行不通的，只有积累一定的经验，才能制作出薄厚统一的豆腐皮。

过去32年里越智店长积累的经验技术蕴含着从先辈们身上继承的传统。为了防止生豆腐皮干燥，需要用浸湿的布盖在豆腐皮上面，用来盖豆皮的布也镌刻着历史的印迹。为了纪念创业200周年而制作的毛巾上面还绣着当年制造豆腐皮的景象。

这些承载着传统制作而成的汤波吉豆腐皮，已经不只是单纯的食物，而成为代表京都的特产，获得了大家的认可。汤波吉的豆腐皮销量在整个京都也是屈指可数的，如果不提前订购就很难买到。挂在店里的京都土特产协会认证书就在告诉着大家，这里的豆腐皮是京都的优秀旅游商品。正是在时代变化中对传统技术的坚持带来了这份硕果。

每天早上 10 点做好的生豆腐皮，会在新鲜的状态下送到客户处，而他们主要的客户就是京都的乡土料理专营店，光是汤波吉固定供货的店就超过了 30 家。汤波吉的豆腐皮保持了新鲜感、柔嫩酥软的触感、清新的口感和浓郁的风味，使用它的豆腐皮可以提升料理的品质。

有一家餐厅一直用汤波吉的产品制作豆腐皮料理，今年已经是第 50 个年头了。从用豆腐皮包裹鱼肉制作而成的生豆腐皮鱼生，到放入蔬菜和肉类油炸的豆腐皮天妇罗，根据搭配的食材和料理方法的不同，制作成的豆腐皮料理也是花样繁多。因为这种食材几乎没有黄豆的豆腥味，而且接近于豆浆的口感，所以即便是讨厌吃豆腐的人，也大多能够享受豆腐皮的味道。

豆腐皮料理起源于 800 多年前，最开始是为僧侣准备的寺庙食物。之后随着气候变暖，以生产优质黄豆的京都为中心，豆腐皮也渐渐传播到了普通家庭之中。虽然是传承了几代人的传统食物，但从不断追忆着京都乡土料理的上了年纪的老人，到熟悉了现代饮食的年轻人，豆腐皮都能够俘获大众不同的口味。

第九任店长越智元三

不贪心，打好坚实的基础

汤波吉的历史起源于1175年，其前身是作为日本净土宗的总辖机构创立的寺庙“知恩院”。创始人的父亲饭尾政吉曾在京都的大伽蓝知恩院做厨师，当时在知恩院制作的许多寺庙料理都使用豆腐皮，所以得到父亲传授技术的第一任店长于1790年在当时最大的市场锦市场安营扎寨，开始了传统豆腐皮制造业，就这样传宗接代传到今天已是第九代的越智家族手中。

在第六任店长经营的20世纪60年代，汤波吉为工坊引进了机械，可是店里并没有无度地增加生产量或扩展事业版图，这种精神一直传到了如今的越智社长身上。越智社长的父亲，也就是第八任店长，曾教导他：“我们要踏实地经营事业。”越智店长一直将这份教诲铭记于心。

一直以来第八任店长希望店里能够保持始终如一的样式，不期盼有太大的变化也不谋求任何一己私欲。32 年前这份经营权就继承给了越智店长，可是即便世代轮转，他所教导的店铺信条也从未动摇过，不管遇到什么样的危机，越智社长都能把准重心、稳妥地走过来。

10 年前由于台风的关系，农作物收成不好，黄豆的价格一度涨了两三倍，但是汤波吉依然沿用原来的价格出售产品。虽然遭遇了不小的赤字，但他们选择将眼光放长远，和眼前的利益相比，他们不为所动，保持原有的价格。

当时面临的问题不仅仅只有食材费用的暴涨，同时还有紧接而来的经济危机。即便如此，越智店长依然没有提升产品的价格，他相信，以不变的姿态去制作美味始终如一的豆腐皮，才是守住店铺的唯一方法。

在人事管理方面店里也有铁律。汤波吉将人员数保持在 12 人之内，因为当保持在适量的人数时，员工本身也会产生责任感，产品的质量也会得到提高。

越智店长表示他会传承从先辈身上学习到的经营哲学，不会大幅度地扩大规模，他认为坚守一直以来所传承的东西才是最为重要的。如果无度地扩大规模，就很难照顾周全，所以他认为要在触手可及的范围之内，坚实地走好每一步。在店铺经营的每一方面，如果店长没有关注，产品的质量就会降低。始终保持一贯的风味，越智店长一直在坚持不懈地朝着这个目标努力。

自然馈赠的食材

越智店长每年都会驱车30分钟前往京都郊外的一个黄豆田，那里是为汤波吉供应黄豆的供应商田地，在黄豆开始收获的一个月之前，他一定会前去确认黄豆的品质。这块黄豆田里插着“保护无以替代的农田”的标牌，让人切身体会到精心栽培黄豆的过程，越智店长也将这份心意完美地传递到了豆腐皮的制作中。

他会亲自确认黄豆的收获状况，并提前为来年要使用的食材做计划。

时代改变，自然环境也会跟着改变，黄豆的口感也会有所不同。而了解不断变化的黄豆的口感，却还要保持汤波吉固有的美味才是关键所在。为此越智店长从5年前开始就研究黄豆的配比比例，正是因为他将两种不同的黄豆配比在一起，才得以融合了各品种黄豆的优势。

在过去的222年里，汤波吉一直能够一成不变地坚守店铺还另有原因，那保佑他的就是位于市场巷尾的名叫“锦天满宫”的神庙。这是400多年前市场形成之初就一同建造并落户于此的神庙。锦市场的商人们都会在这里祈愿店铺的繁荣，在每一代所面临的危机中稳定自己不安的心。

神庙前院的井里涌流着市场下面的地下水。京都是四面环山的盆地，市内到处都有地下水，而这其中锦市场涌出的洁净的水尤为出名，这里甚至被形容为怀抱着一坛清澈之水的地方。

井边还写着“京都名水锦市场之水，从地下30多米处涌出”的说明。汤波吉使用的地下水和这里的水源相同。在过去的漫

制作豆腐皮时使用的锦市场的地下水

长岁月里，这里的水从未干涸过。位于锦市场的 130 多家店铺，全都和这里的水同在。实际上汤波吉之所以选择锦市场，也是因为这里的水。汤波吉店内就有能够汲取锦市场地下水的井，这是很久之前就开始使用的井。这里的水常年都保持在摄氏 17 度到 18 度之间，无臭无味、异常洁净，汤波吉从创业以来一直在使用这里的水。

每到周六，越智店长就会制作一款特别的豆腐皮，即用绿豆制作而成的绿色豆腐皮。这是他 4 年前从杂粮商人那里获得创意灵感后开始制作的产品。这种豆皮如艾草般散发出淡淡的香味，对于在过去岁月中一直都只制作黄色传统豆腐皮的汤波吉而言，绿色的豆腐皮也许是个大胆的挑战。虽然在成本上绿豆要比一般的黄豆贵出四倍，但这种做法却已经是在最大程度上保留了利润空间。

作为轻利润重顾客的挑战的产物——绿色豆腐皮

之所以不惜减少利润来尝试全新的挑战，为的就是告诉大家，豆腐皮并不是陈腐的传统食物，而是可以改变的一种食物。在改变的同时也不能打破传统这层躯壳。作为轻利润重顾客的挑战的产物，“绿色豆腐皮”这条路虽然艰难，但汤波吉却走得很好。他们怀揣着对自己拥有之物的自豪感，坚守着传统，又为未来全新的顾客敞开了大门。

结果比预期要好，与之前颜色不同的豆腐皮受到了顾客的欢迎。随着少见的绿色豆腐皮的出现，大家对传统豆腐皮的关注也有所增加。从年轻的一辈到年长的一辈，店里的顾客年龄层也越发丰富起来。正是因为有这些顾客存在，店里才会提供这些独特的产品，每周制作一次绿色的豆腐皮。也正因此，如今汤波吉的产品已经销到了整个日本。

汤波吉显然经历着变化，但在这些变化之中，其根本并未动摇。

“这家店只是暂时从祖辈那里借来的，将它完好无损地交给下一代就是我的使命。”

在越智店长的话中，我们可以看出，他默默又谦虚地传承了京都美味和家族历史的意志，继承了九代的传统技术。用这根基深厚的技术坚守了京都美味的汤波吉，如今也依然在为了制作出一层薄薄的柔嫩豆腐皮竭尽全力。在这比纸张还要薄的豆腐皮中，蕴含着比任何事物都要厚重的努力。

1. 决定了豆腐皮清淡口感的黄豆和水

为了采购滋贺县和新泻县的优质黄豆，越智店长不辞辛苦，亲自去往黄豆的栽培现场。汤波吉会将口感和颜色不同的两种黄豆按照比例进行配比，制造出甜美且亮泽的豆腐皮。另外汤波吉所在的锦市场以水质优良而闻名，店里也是采用这里清澈的地下水来制作清淡的豆腐皮的。

2. 222 年来领悟的制作方式和传统手工作业

为了制作出豆腐皮，首先就要制作出豆浆，此时所使用的黄豆需要提前一天泡软，根据季节的不同，泡黄豆的时间也会有所不同。这个时间的把控，就是多年来制作豆腐皮时摸索出的汤波吉独有秘方。从泡黄豆开始，到用筷子将豆腐皮一张张捞出来进行自然烘干的过程，都是手工作业完成的，这种传统的制作方法造就了京都的美味。

3. 不扩张店铺，保持扎实的态度

汤波吉有一个雇佣员工的铁律，那就是员工不超过 12 人，因为只有保持适量的人数，员工才会有责任感，产品的质量也才能得到提升。这源自于先辈们所坚信的要在店长力所能及的范围内，忠诚地经营事业的经营哲学。

4. 不随意提升价格

10年前，由于台风的影响，黄豆价格曾一度攀升了两三倍，可当时汤波吉仍然保持了原价。虽然曾遭遇严重赤字，但和眼前的利益相比，他们选择站在更长远的角度考虑问题，因此保持了原价。即便是在接下来面临的经济危机中，越智店长依然没有提升产品价格，也并未采用昂贵的食材。

5. 实验豆腐皮的全新可能性

汤波吉开始用绿豆制作出了和原有的黄色豆腐皮不一样的绿色豆腐皮，这款 4 年前从杂粮商人那里获得创意灵感开始制作的产品，在顾客中获得了不错的反响。虽然绿豆要比黄豆成本高很多，但店里不惜失去部分利润进行这场全新的尝试。为的就是要向大家展示，豆腐皮并不是陈腐的传统食物，而是能够实现无限改变的食物。

店铺信息

地　址	京都市中京区锦小路通御幸町西入ル鍛冶屋町213
官网主页	yubakichi.jp
电　话	+81-75-221-1372
营业时间	9:00-18:00（周日、第四周周三休息）

照耀时代美味

日本寿司名店

银座寿司幸本店

“只有读懂时代的变化，反复进行薪新的尝试，才能够守住传统。”

——银座寿司幸本店第四任店长杉山卫

位于东京最大繁华街区银座的“银座寿司幸本店”

高楼鳞次栉比、名牌街区在中间延伸，这就是东京最大的繁华街区银座。美食家们常爱光顾这里，对于这里的餐厅来说，若是不能留住那些熟客，就难以生存下去。

在华丽的银座后巷，有着屈指可数的一流寿司名店——银座寿司幸本店。虽然外表看着朴实无华，但这里蕴含着历经漫长岁月的厚重和沉静。大部分光顾这里的顾客都是祖辈就经常光顾这里。虽然这家店有着 127 年的历史，而且它是历经四代只制作寿司的名店，但店内却朴素得和名声不太相符。这里看不到一张夸耀历史的照片，也看不到一件昂贵的装饰品。

拥有 127 年传统的寿司名店银座寿司幸本店，靠娴熟厨师的

守护着店铺的门将乌龟

手艺，创造出了饱含世间变幻的口味，它正造就着时代所需要的味道，是日本寿司的骄傲。

战胜危机，巩固基石

和平时不同，工作日下午人头攒动的银座街头，正在展开一场慈善义卖，这场义卖由银座的餐厅协会举办，为的是宣传日本的国产蔬菜。在熙熙攘攘的街头正中央，一位中年男子高喊着："这是可以放心食用的国产蔬菜，在这里分享给大家！"

杉山卫是银座寿司幸本店的第四任店长。在大学就专修经营学的他，在三兄弟中排行最小，他继承了店铺。名字杉山卫中的"卫"字，有着"守卫"的意思。

店铺位于中心街区后巷的入口处，铺满了圆滚滚石头的地板上蹲着一只金属制成的小乌龟，可以说是守护着店铺的一个小小门将。在日本，乌龟是一种象征着长寿的动物，虽说鹤可活千年，但乌龟却能活万年之久。杉山社长每天早晨上班的时候，都会将这只乌龟放在裤腰处揉搓，等到擦拭干净后再放回原位。他祈愿乌龟能够守护老店百年千年甚至万年，并以此开始一天的生意。

银座寿司幸本店是1885年第一任店长杉山幸次郎创办的，

经过一个多世纪，能够传承到第四代，最大的竞争力就是克服危机的力量。

第二任经营者杉山棹执笔的图书

漫长岁月中，祖辈们将克服危机的经验和技巧传承了下来，现任店长杉山也从中获利不少。迄今为止店里曾面临过几次危机，2011 年的大地震就是其中之一。虽未曾在地震中遭受直接的伤害，但自那天之后，三周内都未曾有过客人，预约也被全部取消。

每当杉山店长遇到这样的难关之时，就会在一本陈旧的书中寻找解决方案。这就是店铺的第二任店长杉山棹写的一本书，可以说这是一本记录着日本寿司历史和制作寿司传统方法的指南书。对他而言，这本书犹如圣书，他曾多次翻阅，并从中找到战胜危机的解决之道。

“我需要以基础、原则以及迄今为止一直坚持的传统为积淀，尝试全新的挑战。”

寻找顶级的食材

日本的寿司店多如天上的星星，而银座寿司幸本店可以说是屈指可数的最顶级的寿司餐厅。其秘诀不在于别的，而在于食材之中。和普遍采用的食材相比，银座寿司幸本店只使用与普通食

从世界最大的水产市场筑地市场亲自采购的顶级金枪鱼

材相比价格高出两倍的最高级食材。拥有 26 年经验的员工平野学说，之所以会坚持使用这样的食材，其中是有原因的。

为了给顾客们带来快乐，就必须做出优质的食物，而为了做出优质的食物，就必须要有优质的食材。用最高级的食材完成最顶级的寿司，就是银座寿司幸本店所坚持的第一条原则。这里的寿司不会让顾客来一次就走，而是会让顾客流连忘返。

顾客络绎不绝的第一个原因就是优质的食材。除了当季的蔬菜之外，店里所使用的食材中，有四分之三都来自于筑地市场。该市场不仅在日本算得上一流，在世界也能代表顶级水产市场。采购海鲜的工作也是全权由杉山店长负责的。

“在这里购买最佳的食材就是我们的使命。”

金枪鱼是银座寿司幸本店最重要的食材，所以这里两三天会通过一次竞拍采购品质最顶级的金枪鱼。在他采购金枪鱼的批发商那里，老板唐木昌幸和两位伙计拿着闪光的长刀切割金枪鱼。就好像用锯子锯一样，刀刃来回切割多遍之后，才能根据金枪鱼的部位切割成大大的肉块。店长在仔细观察早上采买回来的金枪鱼的眼神就如同鉴定宝石的师父一般锐利，在重达两吨的金枪鱼肉中，杉山店长只选择了5000克。

白发老板唐木昌幸说，杉山店长今天做出了最佳的选择，那是油脂最为丰富的鱼肚肉和清淡的红色嫩肉夹杂在一起的部位，是金枪鱼肉中味道最棒的部位，也是要价最为昂贵的部分。换算成人民币，足足价值2.7万元，唐木老板对杉山店长赞誉有加，说他挑海鲜极具眼光，打理鱼肉的手艺也相当之高："肯定是钻研了不少，若非如此，又如何能在银座坚守住超一流的餐厅呢？"

和采购优质海鲜同样重要的就是保持食材的新鲜度，除了当天需要使用的量之外，多余的海鲜都需要放在冰箱冷冻室里保存。如果直接放在冰箱里，颜色可能会有变化，表面也可能会干硬，所以需要把海鲜放在冰块上再放进冰箱。

做上等的寿司，与海鲜同样重要的是米饭。杉山店长会随时鉴别各个地区生产的大米品质，先是用手触摸大米，然后再撒开大米观察，如果白色部分太多就不够好。另外还要确认大米的形态，从中选出没有破碎且保持完好的圆形大米备用。杉山店长每天都要闻刚煮出来的米饭的气味，光凭闻就能够轻松分辨米饭是否好吃。在品尝煮好的米饭时，他不会立刻咀嚼，而是用舌头来舔米粒的表面，接下来再慢慢咀嚼，感受甜味。

“咽下喉咙后的味道非常重要，可以说这是种余韵吧，在咽下米饭的时候，香味穿过鼻腔内侧，就是以此为基础来评价味道如何的。”

之所以像这样慎重地甄选米饭，就是因为海鲜寿司的味道是由“舍利饭”，也就是味道调节恰当的米饭来决定的。在刚煮好的米饭上淋上红醋，这叫作“调制寿司”，只有在米饭尚且热的状态下淋上红醋，红醋才能很好地渗透进去。所以需要煮好米饭就迅速淋上红醋。大米的品质、煮饭的方式、食醋调料的比例都会使寿司的味道有所不同，最后还要对米饭吹风，将多余的水分挥发掉，这样增添了鱼肉鲜美味道的完美“舍利饭”就做成了。

一粒米能够很好地吸收水分并且柔软地膨胀开来就是最好的状态。而寿司所需要用到的米饭，就是这样每一粒形状完好的大米聚集在一起所形成的，在日本这也叫作“一粒一粒地站在一起”。因此，在煮饭的过程中也蕴含了特有的技术和心意，只有大米够好，才能做出美味的米饭，杉山店长不仅非常了解这一真理，也在诚实地践行这一真理。

寿司工匠的品格来源于基本操练

在每天开门迎客之前，杉山店长不会忘记的一件事情就是磨刀。这种事本可以让员工去处理，但杉山社长绝对不让别人插手，总是亲自去磨刀。

寿司工匠要使用三种刀，切金枪鱼的“蛸引”、片生鱼片的“柳刃”以及剔骨和鱼刺所使用的“出刃”。正如武士不会将自己的剑交给别人一样，厨师也相当看重自己的刀。

“从事这份工作的人，都为能够娴熟地使用优质的刀而感到自豪，我也是如此。”

说得异常肯定的杉山店长使用的刀，是用制剑使用的钢制作而成的，在100年前，祖辈也使用这样的刀。对于他来说，刀已是他身体的一部分。能够为入行33年的他的经历作见证的，也是用过的刀。

寿司工匠使用的三种刀（上）
杉山店长的第一代祖辈曾使用过的刀（下）

杉山店长的刀已经使用得缩减到原来的一半，因为三天会磨两次刀，所以才会渐渐缩小。虽然如今刀依然插在以前的刀套里，但看上去太过宽松了。随着刀磨得次数越来越多，杉山店长的实力和经验也得到了增长和积累。在漫长的岁月中，不断地磨损但从未钝过的刀刃，包含着店铺过去127年的历史。刀是厨师的根本，磨刀对于厨师来说也无异于是打磨自己。

除了磨刀这件事之外，店铺里的所有工作都倾注了厨师的良苦用心，即便是看上去不那么起眼的小事，不，应该说越是这样的小事，就越要严格，就越要忠于根本。

以传统方式制作而成的“玉子烧”

玉子烧是任何一家寿司店都能品尝到的基本菜肴。在这道菜的制作中，我们能够一窥它的制作思路。玉子烧是用虾、鸡蛋以及碾碎的鱼饼混合后制作而成的一种煎鸡蛋饼。现在这道菜肴由为顾客服务了6年之久的楠野北崎负责制作。由于这道菜肴在制作过程中绝对不允许有任何的失误，所以必须由有经验的人来制作。

这家店的玉子烧特别之处是沿袭了传统的制作方式。首先将搅拌好的金黄色鸡蛋倒入四方形的煎锅，用筷子轻轻地敲打鸡蛋液的表面，让其形状平整，再用炭火进行煎烤。但并不是常见的那种将煎锅放在炭火上，而是将炭火放在铁网上，将铁网举到煎锅上方，保持一定的高度。

放有鸡蛋液的煎锅用微弱的煤气火慢慢烤熟，而且热度传递必须要均衡，只有这样才能煎出好的鸡蛋。但开始要先煎熟鸡蛋液的边缘部分，因为如果一开始就煎中间部分，鸡蛋液的水分就会完全消失。所以需要先将鸡蛋液的水分聚拢，到最后再蒸干水分。

因为一直举着沉重的铁网，不知不觉间，楠野师傅已是汗如雨下。但却不能因此放下炭火，就这样坚持了整整 50 分钟，日本传统的煎鸡蛋玉子烧就诞生了。如今在东京只有银座寿司幸本店会采用这种传统的方式来制作煎鸡蛋。煎得相当地道的玉子烧质地柔和，类似于嫩豆腐，口感和味道都非常不错。玉子烧不仅能够用作甜点，还会用来当作寿司的食材，与我们常见的鸡蛋卷寿司不同，它是从 100 年前就传承下来的日本传统寿司。

厨房的一天是漫长的

银座寿司幸本店有 30 名员工，员工之间也存在着辈分和规矩。新员工刚来的一年只能打下手或是打扫卫生，是不许碰刀的。只有打扫卫生满一年，再打理蔬菜一年，才能开始收拾海鲜。员工们需要在准备料理食材的过程中积累经验，在拥有 7 年工作资历后，才能正式开始制作寿司。

午夜 12 点钟准备下班的员工们在厨房的一角享受迟来的晚餐，大家会一边做最后的打扫工作，一边站着填饱自己的肚子。从早上 9 点开始做营业准备工作，到晚上 11 点店铺关门，员工们都会在自己的岗位上，不断地重复着自己的工作。

所以除了这段时间没什么闲暇可以用餐。当我们问道这样一直工作到到深夜，没有时间吃饭，会不会觉得很累时，和我们预想不同的是，拥有两年工作经验的高桥昌平笑着说：“已经习惯了，所以饿的时间也都改变了。”因为早上没时间，所以上班的时候就会在便利店吃早饭。如果连这点时间都没有，早饭就不吃了，中午的时候多吃点，并一直坚持到晚上。

结束了寿司店漫长一天的工作，员工们应该会感到非常辛苦，年轻人回家的脚步异常轻快。他们朝着距离店铺 5 分钟路程的宿舍走去，这是杉山店长为工作到深夜的员工们准备的宿舍。生活在这里的员工全都是工作一两年的新人，虽然年龄不同，负责的工作也会有所不同，但这些人大部分都是毕业于厨师学校的准专家级别的厨师，可这些人之中还没有一个人摸过海鲜。为了等待能够处理海鲜的那一天，有些心焦气躁也是可以理解的。他们非常清楚工作是分阶段进行的，只有诚实地坚持完成相应阶段的工作，下一个阶段的工作才能够做好。

正因为他们清楚岁月的积淀会让技巧越发的娴熟扎实，所以才会一开始就默默地遵循着残酷的训练过程，从不觉得辛苦。因为为了进入下一个阶段，必须熟悉自己所负责的工作。他们懂得快速升职会引起很多问题，也无法很好地教导后辈。

这一刻厨房的灯亮着，杉山店长正和两名员工站在里面，不知道出了什么事，厨房里充满了紧张的气氛。店长一直看着四处忙着收拾灶台的两名员工，随后大喊一声“好，开始”，两名员工就以熟练的手法制作出了寿司。他们是刚刚结束了预备期工作、已有七年工作资历的员工，在练习制作寿司。杉山店长会不时地对员工的能力进行评价，题目就是五分钟内完美地做出 20 个寿司。杉山店长的眼睛一直盯着员工们迅速移动的手，他同时还给出了建议：“制作得精巧固然重要，但速度也很重要，需要

第四任店长杉山卫

既快又保持美观。”

这场考试是在寿司大师的面前进行的，就连在旁边观看的同事们也非常紧张。但可惜的是，两个人都没能完成店长所出的题目，“95 分，400 分满分”，杉山店长这句如玩笑般的评价是冷酷的。他点评说，首先要确认米饭是不是正好在海鲜的中央部位，其次他强调说，肩膀不要使劲，否则制作的时候就好像在挥舞胳膊一般，他紧紧地按住员工的胳膊，建议道：“给气球吹气的时候不能光靠力气大吧？得轻柔地按压才行。”

接下来他亲自示范了左右更换手法为寿司定型的技术——返手，这是在制作寿司时，最为基本的手法。虽然后辈们还存在很多不足，但杉山店长相信，他们总有一天也会成为实力获得认可的寿司厨师的。

“必须得失败一次才行，之后再用心指导，让他们改善。”

在寿司幸本店，不管是店长还是员工都不奢求侥幸，没有人焦躁自满，妄图一步登天。

记住顾客所讨厌的

深夜时分，店长为前来的顾客准备了一道特别的料理，那就是将葱和金枪鱼煮至温热的“葱烧金枪鱼”。这是400多年前江户时代的人们很喜爱的一道传统料理。把葱烧金枪鱼端到顾客面前时，员工也不忘说一句：“很烫，小心点哦。”尝过葱烧金枪鱼的顾客纷纷感叹道：“原来江户时代的人们，曾吃过如此的美味啊！”料理穿越时代得到了传承。

这家店历史悠久，前来店里的顾客也很有渊源。70%的顾客都是从祖辈起，就经常光顾这里的。杉山店长一刻都没有忘记从祖辈们身上学到的对待顾客的态度。

“我常听到的话中有一句是这样的，比起顾客所喜欢的，要先记住顾客所讨厌的。”

这也是寿司幸本店的经营哲学。杉山店长了解大部分顾客的习惯，根据年龄层和性别的不同，米饭的用量也会有所不同。比方说，如果来的是二十多岁的女性，那么米饭的量就会缩减为给五十多岁男性饭量的三分之二，而给老奶奶的饭量则要更少一些；根据顾客的不同，芥末的量、米饭的量以及海鲜的大小都会有所不同。另外西方人不太擅长用筷子，很容易夹碎寿司，这种

根据每个顾客的喜好提供的寿司

情况下会注意将米饭煮得更硬实一些。

因为这里的寿司都是根据顾客每个人的喜好来定制的，所以也就没有固定的价格标签和菜单。一碟寿司的价格平均为 2500 日元，折合成人民币超过 150 元。但这碟寿司的价格真的是没法用金钱衡量的，因为食物中包含着太多员工的心血。专家制作的寿司并不是单纯好吃、味美，而是传递出了历史的积淀和厨师修炼的深度，顾客也正是意识到了这一点，才会甘愿付钱。

厨师需要记住顾客的口味，而顾客则信赖厨师的手艺，这便是支撑着银座寿司幸本店的力量。

未被 100 年的重量压垮

清晨时分，杉山店长急急地出了门，每次外出时搭乘的地铁是最适宜整理思绪的地方。今天他也取出了钢笔和本子，正在认真地写着什么。

在东京经济中心街区丸之内里有银座寿司幸本店唯一的分店。和本店相比，这里更偏重大众化的寿司。杉山店长每周都会来这里一趟，这一天他决定用三文鱼来制作新鲜的寿司，这是他从三个月前就开始准备的新菜单。光用三文鱼就太无趣了，他还想再在其中加点什么，而结果就在他思考过程中诞生了。

橘黄色的三文鱼上放上腌制过的洋葱和葡萄，再用葱末做装点。这道新菜大胆地使用了各种食材，这些食材都是让人很难想象会和寿司搭配在一起的，而最重要的则是味道的平衡。

一道菜平均要经过六次的测试，这之后只有和之前已经存在的寿司竞争胜出，才能列入正式的菜单。银座寿司幸本店所提供的寿司大约有 400 多种，超过 100 年历史的，只有区区百分之一。

杉山店长骄傲地表示，这就是银座寿司幸本店的味道。用酱油腌制红色金枪鱼肉是从 200 年前毫无改变地传承下来的寿司制作方法。而现在他依然在持续不断地开发新菜品，一段时间内若是有东西消失，也必定会有东西保存下来，开发十道菜，能够留下来的就一两道而已。

也有人说这样的努力是徒劳的，但杉山店长依然没有停止挑战，这其中的一个原因就是，如果止步于现在，就很难满足人们不断变化的口味。

幸本店需要读懂时代的潮流，将过去的手艺融合进去，创造出融汇传统与现代感的美味。

寿司是手工制作的，味道包含了厨师倾注的心血，银座寿司幸本店的所有寿司都包含着厨师们超越工艺的诚心。“虽然传统的东西很重要，但光靠这些是不够的，我们需要不断地接受新事物。”与其在快速变化的世界中追逐变化，不如提前一点改变，这样才能跟随上顾客的脚步，这就是他的哲学。

又一个清晨，到了准备营业的时间，大家都在自己的岗位上认真地做着工作。拥有一年工龄的楠野在店铺前院里打扫，今年进入第二年的高桥则在准备蔬菜，所有的员工都在自己的岗位上尽忠职守。杉山店长也是如此，他围着雪白的围裙，戴着四角帽，每一个动作都像举行神圣的仪式一般。从店长手里能够感受到他即便背负了漫长岁月的重量，但依然有坚韧的力量。直到今天，银座寿司幸本店还依然秉持着和127年前一样的心态迎接着顾客。

“我们店铺的使命并不是扩大规模、增加销售、创造更多的收益。我们更看重的是竭尽全力，让如今的菜肴品质不会降低。哪怕为了提升一点点质量，我们也会绞尽脑汁去努力，这就是我们店铺的经营使命。”

时代在前进着，为了不被时代的大浪所吞没，要踏实地站稳脚跟，需要付出很多的力量和努力。顺着这股潮流自然发展，就需要更多的东西，比起坚守传统美味这一信念，拥有不断迎合人们口味变化的谦虚态度才是更为艰难的。

银座寿司幸本店背负着100年的历史重任，它没有停下脚步，这样的精神在饱含厨师们温暖情怀的寿司中得以传承。寿司不仅填饱了人们的肚子，也满足了人们内心深处的渴望。127 年寿司名店，守护着它坚守的并持续不断地尝试变化。在过去中寻找创新的银座寿司幸本店员工，手上攥着的并不是寿司，而是人心。

1. 购买顶级食材

寿司的核心食材大米和海鲜，都是由杉山店长慎重挑选的，他会在全国栽种的稻米中进行筛选，并亲自走访日本最大的水产市场，购买刚刚捕捉到的新鲜海产品。

2. 忠于基本传统并坚守住

包括磨刀、煮饭这样最基本的工作都要耗费很多心思，这里在制作基本料理玉子烧时，依然坚守着传统方式。每当面临危机时，店主就会在祖辈们留下的书中寻找解答。

3. 彻底地进行员工培训

员工会分阶段学习工作，刚开始的一年，连拿刀的机会都没有。工作的各个阶段会有培训并指导，让员工能够为自己的工作负责。

4. 了解顾客的喜好

掌握顾客的喜好，细心地对米饭、芥末的用量以及海鲜的大小进行调整，所以价格并不是固定的。店里会为顾客提供定制的菜单，这也是从祖辈那里传承下来能够持续不断打动熟客的秘诀。

5. 一直在研究在变化

虽然如今这里已经是名声显赫的顶级店铺，但依然在研究着全新的菜肴，并通过持续不断地测试来选定菜肴，不断迎合应对着人们变化的口味，一往直前。

店铺信息

地　址　东京都中央区银座6-3-8

电　话　+81-3-3571-1968

营业时间　11:30-22:00（周一休店）

缔造时代所需的味道

日本怀石料理专营店

平八茶屋

"今日的变化造就了明日的传统。"

——平八茶屋第二十一任店长园部真悟

拥有多年历史的怀石料理店“平八茶屋”

日本的千年古都京都是一座可以感受到日本美食文化精髓的城市，如今这里依然是屈指可数的饱含日本历史和文化的中心地带。由于这里完好地保留着历史的风貌，京都成为备受人们喜爱的旅游圣地。京都的春天将最先迎来梅花的香味。

日本有许多的老店，这些老店都是保留着传统格调、代代相传的店铺。这些店铺的历史短则一百年，长则延续数百年。在日本，超过 100 年历史的店铺足足超过了 15000 家，而跨越 200 年之久的店铺也有 2500 多家，占据了全世界百年老店的 40%。

特别是京都，有很多世代相传的老店。位于京都东北方向的平八茶屋是拥有 436 年漫长历史的怀石料理店。怀石料理指的是从江户时代开始，给宴会供餐的料理。

许多名流熟客聚集的地点——宴会厅

一进入大门，映入眼帘的就是树木茂盛的庭院，客人仿佛回到了过去。超越了四百年并以传统为傲的平八茶屋创立于16世纪，之后伴随着京都以及整个日本走过了漫长的历史岁月。

站在历史和变化的分岔路口

平八茶屋的建筑采用的是传统住宅样式，建成于日本昭和时代（1926～1989）初期，有着80年悠久历史。坚守过去也和更新变化一样重要。用不了多久，平八茶屋将迎来建成500年的历史时刻。为了这一时刻，工人们需要对店铺的老旧部分及边边角角进行修缮和维护，几百年前的建筑之所以能够完好无损地保持到今天，就是因为店铺主人们的努力和关注。建筑本身保留了几百年前的原样，只单独对老旧的部分进行了修缮，为的是希望能够将建筑原貌维持50年至100年之久。

20 世纪初洪水爆发之后，宴会厅进行了重建，柱子上的突起和圆形的木质装饰等为宴会厅平添了一些韵味。从柱子到屋檐，都是采用日本式传统工艺建造而成，如今依然完好地保留着过去的风情。建筑周围的风景非常美丽，从很早以前开始，这里就是文人和美食家等名流们聚会的地方，很多照片记录下了一幅幅历史性的画面。其中有第十八任店长和日本著名陶艺家、美食家北大路鲁山人的合影，他们坐过的位置也保持原样。

在可以称得上是江户时代旅游指南手册的《周游宫古名胜》画册中的“山花”部分，就记载了这家店铺。它在江户时代就已经是著名的茶屋，足见平八茶屋悠久的历史。1576 年开店之初只是大道旁的一家茶屋，初期还曾兼做杂货铺。随着京都通往福井县的若狭路的开通，来这里的人越来越多，于是这里开始为路过的商人提供简单的食物和茶饮。

小店以向商人们出售大麦饭收获了不小的人气，并达到了鼎盛期，随着大麦饭茶屋的名声大振，店里繁荣的景象一直延续到了第十五任店长。可是到 19 世纪后半期，京都铺设了铁路，自然街道通行量就相对减少了，来往的商人和客人越来越少，在时代的变化中，店铺面临关门歇业的危机。

虽然街道繁荣不再，但祖辈们并未曾考虑关闭店铺，而是一门心思思忖着生存下去的方法。几经思索之后，决定开拓淡水鱼料理这个全新的领域，走上了从茶屋向餐饮店转变的全新道路。

坚持变化的信念以及对周围环境善加利用的智慧是让平八茶

屋延续了436年之久的力量。

坚守了数百年的料理

随着时代的发展，料理也发生了变化，但有一道菜延续了400年之久，那就是创业之初就有的镇店名菜，即在大麦饭上淋上山药汁制作而成的“大麦饭多乐乐”。这是为了方便来往的商人而制作的，“多乐乐”在日语里就是山药的意思。这道料理直接将山药磨成汁后淋在饭上，因为山药汁中含有消化酶，就算吃得很快也不会噎着，所以人气很高。

制造美味山药汁的秘方是从祖辈那里继承下来的。“大麦饭多乐乐”足以代表平八茶屋的品味，它从第一任店长一直传到第二十一任，老店依然传承祖辈们的精神。

还有一道料理和“大麦饭多乐乐”一样传承了300年以上，那就是烤鳗鱼。恰如其分地将其油脂烤出，烤到似焦未焦的时候，就是做出美味的重要时刻。淋在烤鳗鱼上的酱汁也是平八茶屋的独有配方，只有每代厨师长才能掌握独特而又历史悠久的酱料制作技艺。淋上酱汁后再将其烤制成金黄色，这道美味的烤鳗鱼就完成了。

在鳗鱼上淋酱汁时，鳗鱼的油脂和味道都会渗透到酱汁里面去，而这道酱汁凝聚了跨越300年的历史岁月。从很久以前开始，酱汁少了就会再度加满，再少了又会加满，因此酱汁碗从未空过一次。

传承了300年浓郁味道的酱汁还不断改变着它的味道。调节味道需要倒入清酒和料酒后点火，待酒精成分充分挥发，放入白糖和酱油进行煮制。调节白糖和酱油的平衡是美味的关键，根据季节的不同，需要调整甜味和咸味的浓度，改变配比的比率，这就是技巧所在。等到酱汁完全冷却，再添入之前的酱汁，美味在历史和现实的碰撞中得以传承。

淋上山药汁后做出的“大麦饭多乐乐”（上）
有着300年历史的酱汁浓郁的“烤鳗鱼”（下）

数十年、数百年前的味道得以保留，厨师长说道：“等我死后，这种相同的酱汁依然会世代传承下去。”过去的味道没有消失，它在新的味道中得到传承，厨师长的精神就蕴含在酱汁的美味之中。

经历忍耐的过程

平八茶屋能够保持美味的另一个秘诀就在厨房严格的操作程序之中。拥有35年工作经历的厨师长山本昭司负责所有料理的汤汁和酱料的调制，经过30多年的努力，他在5年前荣升厨师长。在所有料理呈现给客人之前，都必先要经过他的手，只有料

第二十一任店长园部真悟

理的口味和形态够完美，才能端给客人，这是他作为厨师长的责任。秉持着这样的信念，他和第十九任到二十一任的三任店长一同走了过来，他的年纪和第二十任店长相仿，他们如同兄弟一般，关系可谓是亲密无间。

这里并没有采用常见的店长指挥厨师的做法，继承家业的人必须是厨师。在这一原则下，店长必须要在厨房内学习各种厨艺。因此，店长要在厨师长手底下工作，并遵守厨房里严格的等级关系。

在厨师长手下负责收拾海鲜和加工生鱼片工作的第二十一任园部店长，在其他餐饮店经历了打下手、收拾食材等 3 年的厨师入门课程，才得以进入这里的厨房。从学徒工到片生鱼片的阶段足足花了 15 年时间。但是园部店长对此从未有过不满，他认为在这家规模不算大的小店，店长需要能够完成所有的工作，特别是作为饭店的主人，若是做不好料理那实在是很难说得过去。

厨师需要历经的过程大体上分为 8 个阶段，厨房里所有打下手的工作，都是由有 3 年工作经验的厨师来负责的。最开始的阶段学徒们负责倒垃圾和洗碗，虽然也会做些料理，但主要是做些小菜，这个过程要耗费两三年以上的时间。随后他们负责摆盘的工作，接下来就是去除鱼的内脏和鱼鳞，像园部店长那样积累15年的工作经验以后，才能开始负责片生鱼片的工作。

成为厨师的过程也是一个忍耐的过程，也是价值得以实现的准备过程。没有从底层开始工作的人是无法成为真正的专家的，这一点包括店长在内的所有员工都非常清楚。在坚持不懈的努力和学习下，历经不断的磨练，才能对自己的工作越发有自信。

和其他经营多年的老店一样，平八茶屋并不仅仅单纯地教授员工技术，在向新人进行料理制作技艺的培训之前，需要对其作为一个人应该具备的基本素质进行全面培训，然后引导他通过工作来实现自己的人生目标。通过严格的人才培养过程，员工们收获的最大成果就是对工作的自豪感和信念，这便保证了料理的质量。

通过服务完成料理

在平八茶屋，美食的开始源于诚心诚意的服务，身穿日本传统服装和服迎接顾客的“仲居”负责接待的工作，从开始用餐到离开饭店，他们努力让顾客感受到舒适。

在服务方面，每次端上食物都要对料理做简单的介绍，并诚恳耐心地讲解正确食用的方法：

“这是烤小鲤鱼，烤小鲤鱼素有‘翻转百变烤制’的说法，所以希望您在烤的时候要多多翻转。”

服务生“仲居”身穿日本传统服装和服招待客人

员工会在客人用完餐点之后将客人送到庭院处，为客人带来闲暇的平八茶屋的庭院可以让人感受到将整个大自然缩小后打造出的日式庭院的精美。鲤鱼在荷塘中戏水，雅致的瀑布倾泻而下，这些都给炎炎夏日增添了几分清凉，而冬天白雪皑皑中盛开的红色山茶花，则绽放出了冬日里的典雅幽静，在这里用餐就意味着悠然自得。

怀石料理通过服务完成，它让客人能够在最舒适的状态下用餐，这种迎合式的服务是基本要素。服务时不仅需要有亲切的态度，还需对客人的喜好、料理等深入的了解，为此新进的女员工都要经过培训。在一天的工作开始之前，她们会从资深员工那里获得简单的礼节培训和姿态培训，最重要的是正坐的姿态，正坐后放低自己的姿态向对方行礼，这些是京都料理文化的基本要素。

在京都，经营怀石料理的大部分店铺的“仲居”，在出入房间的时候都必须要正坐，但是每天反复坐下又站起数十次绝非易事，即便如此，因为这是工作需要，“仲居”都表示能够忍受，让顾客满意的服务是如同料理口味一样重要的经营哲学。

店长负责着料理和整个经营业务，而和客人相关的所有事项都是“女将”的工作，“女将”指的是平八茶屋的女主人，历代店长妻子都继承着这个位子。

“女将”费心管理店铺的细枝末节，季节变换时，要更换不同的画卷，花瓶里也要插上新鲜的花朵。了解顾客的喜好，提供相应的服务，需要祖辈传授的智慧和技巧。第二十二任“女将”园部通世也跟着婆婆学习了很多东西，现在正将工作一一传授给第二十一任儿媳妇，所以现在第二十二任和第二十一任“女将”是一起工作的。园部通世认为，想要成为历史性的店铺女主人绝不简单。

“只有当自己成为负责人时，才能感受到历史的重量。”

在引导员工和睦相处，展示料理美味和提供服务上，女主人的作用至关重要，这是迄今为止支撑着店铺的重要力量。

家业的基础是以家族为单位完成所有的事情：丈夫负责料理，妻子负责招待客人，因此以家庭为最小单位，茶屋随时都能营业。实际上在日本的长寿店铺中，相当一部分都是家族经营的店铺。

新鲜食材的采买是店长的工作

自从继承了店铺，园部店长将心思放在寻找新鲜的食材上，他秉持亲自挑选购买主菜“淡水鱼怀石料理”食材的原则，前往距离一个小时路程的淡水鱼养殖场。

最先要选购的就是鲤鱼，因为鲤鱼是要用来片生鱼片的，所以新鲜度最为关键。滑溜溜的、品相不错、力气够大、不容易被捉到，就是很好的鲤鱼。

虽然和这家养殖场的关系已经保持了 30 年，但店长选鱼时依然非常挑剔。淡水鱼销售商青木清春表示，因为平八茶屋坚持顶级的品质，所以他会严格把控水温和水质。

在去过养殖场之后，店长来到了水产市场，每两天一次亲自上市场采购也是店长的主要工作。只有了解食材的需求，才能了解整个经营业务，挑选食材的眼光也会得到提升。

对季节变化尤为敏感的怀石料理，最基本的要求就是使用当季最美味的食材，园部店长刚开始会仔细观察，一旦确定了目标，就会信任地交由经销商处理。即便找到了新鲜的食材，也不能大量购买，为了食材的新鲜度，只能购买当天和第二天要用的量。

和新鲜的食材相比，精心维持食材新鲜度也格外重要，在平八茶屋，为了保持料理的美味，最基本的要素就是水，因为鱼在自来水中是活不了多久的，所以店里会将地下水引上来，还设置了通过上面的管道流下来的装置。

注重美观的怀石料理

由于食材新鲜、保存良好，又精致地呈现到了客人的餐桌上，来访的客人在用餐时也感受到了季节的变化，和大自然形成共鸣。

让味觉和视觉一致

春天是预订非常多的季节，所以要确保一定量的食材，菜单也会换成春季的怀石料理，花儿在碟子上绽放，这是凭借厨师的想象力绽放出的料理之花。

园部店长重视料理的美观不亚于食材的新鲜度，华丽颜色的组合中平添季节装饰，就如同碟子上绽放了花朵一般，怀石料理就是最注重美观的料理。园部店长并不是将口味摆在首位，也绝非只将重点放在料理的外观上，他认为最重要的是既要看上去好看，又要非常好吃，如果看上去就不好吃，就很难让食客们举起筷子了。为了凸显出季节感，盛放的器皿也很重要，料理的名字下面都写有器皿的种类，哪种器皿是盛放哪种料理的都有体现。

店铺二楼是不向外界公开的平八茶屋仓库。器皿的设计和纹样都考虑到了季节的要素，这是怀石料理的基础。因此每当变换季节时，这里用来盛放的器皿也会有所改变，绘有山茶花的碗让客人掀开盖子的那一刻就欣赏到美丽的花朵。

园部店长依然珍藏着 100 年前祖辈们所用过的器皿，他认为让视觉和味觉一致是最重要的，另外将自然融入料理之中也是他料理哲学的核心。

换季时节，有一对老夫妇造访了平八茶屋，用梅花装点、甲鱼蛋制作而成的料理及用鲤鱼作食材的寿司等一道道当季食材加上季节装饰的怀石料理被端了上来。这不仅仅是为了填饱肚子的料理，而是一个季节的风味在口中绽放，历经三个小时悠然自得的用餐，这对夫妇享受了奢侈的一餐。听说这里的淡水鱼料理干净新鲜、口感一流，这对夫妇也尤为喜欢，所以每年都会来五六次。

园部店长希望能让顾客感受到真正的幸福，他认为这便是本店的重要使命。

为了另一个百年

平八茶屋的怀石料理是精简了宴会料理的套餐料理，园部店长的父亲，第二十任店长开发出了若狭怀石料理，再现了本膳料理。本膳料理是宴会料理的原型，体现了江户时代的京都精神，这里摆出的食物再现了当年庆贺或举行仪式时的场景。

由五张桌子构成的本膳怀石料理

食用本膳怀石料理的每个人都有5张小桌，从前菜到甜点共有23种，虽然数量繁多，但食材或口味并不会重样，这是怀石料理的基本原则。

为未来考虑，最重要的就是全新料理的开发，从创始之初的“大麦饭多乐乐”开始，到以海鲜为食材的若狭怀石料理，之后再到淡水鱼怀石料理。正是祖辈们持续不断地开发着时代所需要的美味，不断地创新，才造就了今天的茶屋。

正如祖辈店长们所做的那样，园部店长也想要创造出只属于自己的料理，为此他还在持续不断地进行着研究，以期将这些料理传给后人。直到今天，他依然在开发能留给后人的料理。

“每个人都需要变化和尝试，才能开发出符合现代人口味的料理。”

美丽而又不恃宠而骄，年代久远却也不枯燥乏味，这种传承了400年的美味料理是通过不断的变化而形成的。光是坚守过去是不行的，历经了几个世纪之久的平八茶屋正用其自身的存在证明着这一点。

平八茶屋的社长在延续着过去、记录着当前、思考着未来，好好地培养继承人，去粗取精，正是他为下一代留下的财富。

跨越400年的时间，从过去一直延续到现在的美味，以及提前洞察变化、创造出时代味道的智慧，得以让平八茶屋的美味传统延续至今。

1. 诚心诚意的服务

在见到料理之前，首先面对的是身穿和服的“仲居”的诚心诚意的服务，从客人进入店里的那一刻开始，一直到走出店铺，她们都谦卑地迎接客人，为客人营造一种舒适的感觉。

2. 新鲜的当季食材

园部店长的一大原则是亲自挑选采买料理用的食材，为了保持新鲜度，他分外挑剔，只采买当天以及第二天所用的原料，另外店里还会用美味的当季食材让客人感受到季节的变化和自然的味道。

3. 视觉与味觉一样重要

平八茶屋的料理传递着美丽，这是因为他们的原则是不仅要味美，还要做到卖相出色，不只是料理本身，盛放的器皿以及摆盘的方式都如同一幅幅艺术作品，满足着客人的视觉享受。

4. 培养真正的专家体系

厨房等级关系严密，为了成为厨师，学徒必须从打下手开始，并历经八个阶段，积累 15 年的经验，才能成为片生鱼片的厨师，遵循店长必须是厨师的原则，继承人也必须从底层的工作开始做起。

5. 开发全新的料理

面对时代和环境变化的挑战，平八茶屋在开发全新料理的同时不断地发展壮大，战胜了重重危机，祖辈们反复地研究，创造了悠久的历史，而这种创造全新美味并将其传承下去的传统也依然在继续。

店铺信息

地　址	京都府京都市左京区山端川岸町8—1
官网主页	www.heihachi.co.jp
电　话	+81-75-781-5008
营业时间	11:30-21:30（每周周三休店）

传承顶级肉味的100年老店

西班牙精肉店
索罗布耶

“我是不会把自己都不吃的卖给别人的，因为当人们被优质的肉打动时，那时候我才是最开心的。”

——索罗布耶第三任老板路易斯·德·布拉斯

位于欧洲最大的农产品、水产品批发市场麦加马德里的“索罗布耶”

热情国度西班牙的首都马德里是一座海拔高 635 米的高原城市，位于马德里老城区中心街道的“索尔”（sol）广场，其名意为“太阳门”。广场地处马德里心脏，城市的每一条街道都与此地相通，在这个充满了赏心悦目的风景和无数人流的广场上，西班牙人的热情洋溢而出。

不管去往西班牙的哪座城市，市中心最为显眼的一处地方就是精肉店。对于人们一天要吃五顿饭的美食天堂西班牙而言，肉类消费量可是世界上屈指可数的。为了吃到美味的肉，人们甘愿经历漫漫长夜的等待。

这个国家对肉的钟情非同寻常，在西班牙马德里，有一家传承四代的传统牛肉专卖店索罗布耶（Solobuey）。位于欧洲最大的批发市场“麦加马德里”的索罗布耶，除了牛肉之外，还销售猪肉、鳄鱼肉、袋鼠肉等 60 多种肉类，另外这里还提供西班牙火腿、肉脯、芝士等产品。它的客户覆盖整个西班牙的餐厅、酒店、饭店，足有1000多个，想见这家精肉店的名声有多大。

西班牙的顶级精肉店

位于马德里南部的麦加马德里农产品、水产品批发市场里出售西班牙所有的食材，这里是西班牙最大的市场，也是全欧洲第二大市场。水果、鱼类、肉类等所有西班牙的食物都汇聚在了这里。这家拥有着40年传统的市场堆满了刚刚从地中海打捞上来的新鲜优质鱼类。

在这样的食材天堂，大部分的店铺都是父亲传给孩子来经营，在这家市场的老店中，有一家已经走过第100年的精肉店索罗布耶。

成立于1999年的麦加马德里肉类市场共有24家精肉店加盟，大部分都是大企业旗下的大型精肉店，出售包括牛肉、猪肉、羊肉、鸭肉、野鸡肉等多达60多种的肉类，同时出售熏制火腿、香肠等丰富多样的加工肉类。

这其中历史最为悠久的索罗布耶，以其多年始终如一的肉类品质，赢得了万千顾客的信赖。饭店、酒店经常会来索罗布耶采买肉类，撇开价格不谈，这里最引以为豪的是其顶级的品质。

在西班牙人喜爱的肉类菜肴中，有一种名为“菲雷泰”的牛排，不管怎样烹饪，食材的品质决定了菜肴的质量，这其中厚实又多汁的西班牙传统牛排是不淋酱汁的，所以肉的味道成为决定性因素。为此想要做出优质的牛排，最重要的就是获得优质的肉类。

对于优质的牛排来说，选取优质的肉很关键

西班牙人喜爱的肉类菜肴不仅只有菲雷泰，还有“哈蒙”（火腿的一种）、“科奇尼约”（烤乳猪）、“雷茶多”（牛犊肉）等，他们还爱吃类似韩国小肠火锅的“噶幺斯”、类似米肠的“安姆布提多”，以及名为“海麦罗”的大腿肉，他们不仅吃牛骨，就连牛的肝脏、胃、舌头等部位他们都吃。

西班牙人如此地热爱肉食，不管在哪儿都希望品尝到索罗布耶的肉类，这种成功是由多年历史传承下的技巧和这里独有的经营哲学决定的。

美味菜肴中的顶级牛肉

坚持100年的漫长岁月并不简单，作为一家精肉店，索罗布耶能够坚持这么久的原因乃是精选优质肉类。

体格庞大且品质优良的加利西亚地区的牛

要想获得顶级品质的认可，就需要不辞辛劳地寻找优质的牛种。

距离马德里800公里，位于西班牙西北部的加利西亚的一个农场已经和索罗布耶建立了30年的交易关系。平时路易斯老板会来这里看牛，但随着他的儿子拉乌尔·德·布拉斯开始学习这门生意，就常由他替父亲来这里。

加利西亚地区是为数不多的采用最传统方式培育肉牛的农场。1970年下半年培育出的体格庞大且品质优良的品种——格里西亚牛，在西班牙属于最顶级的肉牛。

这里的牛吃牧草和玉米粉长大，因此牛的脂肪并非白色，而是黄色的，散发出只有这里才有的独特的味道。这种黄色脂肪让牛肉味道更加和谐，超越了任何其他品种的牛肉，这也是索罗布耶每次不不远千里来这里的原因。

加利西亚地区一年四季多雨，空气湿润，非常适宜牧草的生长。牛吃到丰富的牧草，长出适宜的脂肪，牛肉自然味美，而索罗布耶会在这其中挑选最优质的牛。

在挑选优质的牛方面，拉乌尔还不是个熟练的专家。因此，他会用手机拍好照片后传给父亲，多年来一直对牛有仔细观察的父亲仅凭一张照片就能看出哪只牛好，哪只牛不够好，儿子拉乌尔期待着自己也能有这样的一天。

这里培育的是平均生长8年的牛，因为培育牛需要耗费精力，所以愿意养牛的人也越来越少，于是在加利西亚地区，黄牛也越来越少。面对这样的状况，索罗布耶为了能够持续获得优质的牛肉，一直在加利西亚地区寻找着还在坚持养牛的农场。

因为这里的黄牛是非常珍贵的品种，所以会贴上识别编号建立档案对牛进行管理："可以生牛犊的母牛"、"销售前经过卫生检疫"等，从培养的用途到是否进行卫生检疫都详细记录在册。为优质食材进行的品质化管理，对在这里采购原料的索罗布耶而言起着关键的作用。和优良的交易商交易，进行严格的品质管理，看起来很平常，但正是这条简单的秘诀成就了索罗布耶100年的历史。

路易斯老板表示，想要一直保持提供优良品质的产品绝非易事，能够将品质保持如一，他一直心存感激。他的目标就是，让人们提起索罗布耶时首先想起的就是品质。

品质保障直到传达给顾客为止

虽然索罗布耶会随时去交易商那里对牛进行确认，虽然交易商是值得信赖的，但并不能掉以轻心。

索罗布耶每天进肉的时候，哪怕发现一点点质量的降低，都会立刻退回去。保障品质是这里的经营哲学，也是交易原则，这也是每一代索罗布耶店长亲自确认食材品质的原因所在。

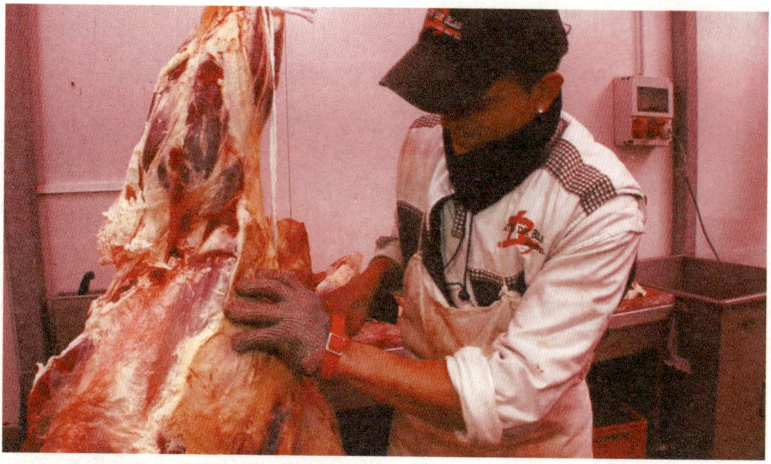

要在冷藏设备中至少催熟 20 天才能分割

只有经过了严格验收的肉，才能在店里的冷藏催熟室里催熟。让有韧性的肉质变得柔软的催熟过程非常重要，根据肉质的不同，催熟时间至少需要 20 天。肉在保持温度的同时会在冷藏设备中催熟，在这个过程中，肌肉里的成分会变化，让肉质变得更加柔嫩，这是为了让肉的口感更佳的必经过程。

结束催熟的肉进入分割的阶段，索罗布耶使用较多的是牛的腿部和里脊部分，这是因为索罗布耶的招牌商品就是牛排和烧烤牛肉。烤肉采用的牛是两年内出生的加利西亚地区的卢比亚品种，这道菜肴是在炭火上烤过之后，将其切成适合食用的 1 厘米大小的肉块后摆放在碟子里。

肉的品质是根据肉的花纹形状来决定的，在这里，如雪花般的花纹提升了牛肉的风味和品质。从 15 岁就开始在父亲的教导中学习刀法的路易斯老板在切肉方面可是顶级的技术能手。

等到不同部位的分割工作完成之后，就要准备送货了。这里的肉不仅要送达马德里地区，还要送到整个西班牙，这是因为这里对品质的坚持，形成了庞大的交易客户。店里和大约1000个地方都有贸易，每天平均要给100个商家送货。

和品质一样重要的就是顾客的要求，不管客户需要什么种类或是什么部位的牛肉，没有什么是不能满足的。这里一直努力提供优质的服务和优质的产品，甚至当顾客需要这里没有的品种时，店里都会想尽办法找到并送达，即便顾客提出周日送货，店里也会满足客户的需求。

将一家小店发展壮大到如今的索罗布耶绝非神话，它的成功归因于产品的优良品质，为了达到这个要求，店家不会畏惧任何艰难险阻。因此，人们如今依然会为了寻找顶级的美味来到索罗布耶。

怀揣着爱意认真工作的人们所书写的历史

精肉店的工作辛苦，所以店里很难找到愿意做这份工的年轻人，可是随着经济的不景气，愿意做这份工作的人越来越多。现在在索罗布耶工作的年轻员工很多，就连拥有15年资历的昂海尔也跟着忙了起来，因为，他在工作的同时要给新员工讲解如何分割牛肉。

这份工作很辛苦，一起并肩走过这段艰难之路的同事就格外珍惜彼此。36年来一直在这里从事肉类分割工作并退休的胡安和路易斯老板是好朋友，拥有家人一般的关系。如今他也经常会来索罗布耶，胡安和如兄弟一般的路易斯老板是一同在第二任老板手下学习工作的，他们每天都要一起工作 12 个小时，曾经互相依赖对方的两个人一同走过了美好的时光，也并肩走过了困难时期。曾是索罗布耶顶级工人的他总结道：“一定要带着爱意对待你的工作，至少在工作的时刻，要保持愉快的心情。”他的这种工作观念给了后辈们很大的力量。

公元 20 世纪初曾在马德里精肉店工作过的第一任圣地亚哥·德·布拉斯老板于 1912 年 5 月开设了自己的第一家精肉店，索罗布耶的时代也便由此拉开了序幕。之后传到了第二代、第三代，为了经营这家利润微薄却又工作辛苦的精肉店，老板不得不昼夜不停地守在店里。

路易斯老板到现在依然记得爸爸曾经说过：“想要在这份生意上赚到 100 万比塞塔（约 4.8 万人民币），就得卖掉 100 万公斤的肉”。仔细算来，1 公斤也就合不到 1 比塞塔（约 0.05 元人民币）的毛利。可是他并没有对这个事实感到绝望或试图逃避，而且他越发地想要给顾客提供最优质的服务并带着爱意认真工作。他认为唯有如此努力，店里的产品品质获得了认可，才能将一家小小零售商的店铺发展壮大，如今也开始为无数的大企业供货。他爱自己的这份工作，也正是他对这份工作的爱，让他能够认真工作，并终究实现了巨大的发展。

疯牛病所引发的变化

索罗布耶使用的肉类符合动物福利的规则，和无条件追求利益相比，他们更注重优质的食材。这样的信念得以获得了消费者的信赖，但是他们也曾遇到过危机。

在疯牛病浩劫之后开始出售的加工好的肉类

在西班牙遭遇经济危机的时候，索罗布耶的生意也未曾受到太大的影响。但它在 2002 年疯牛病爆发之时遭遇了危机，生意减少了 90% 之多。路易斯老板脑子里每天都在盘算店铺的月租该怎么交，员工的薪资该怎么发。

危机时间不算很长，他决心要东山再起。为了向市民们宣传牛肉不会威胁到健康这一事实，他开始进行广告宣传，这一做法引起了巨大的轰动，并收获了非常不错的效果。在这之后他还有机会通过杂志社和电视来宣传自己的店铺。

疯牛病给精肉店带来了变化，店里采购了其他肉类代替牛肉，连之前从未出售的加工肉，也成为了销售的主要产品。为了迎合市场的需求，他们尝试变化，迄今为止也依然在寻找优秀的企业进行合作。

批发市场里的一家企业是索罗布耶的优秀交易商，从祖辈开始，就和他们一直有着合作的关系，迄今为止也依然保持着紧密的联系。他们从索罗布耶购买牛的大腿肉，制作一种名为“塞西那”的西班牙传统食物，加工过的塞西那会再次出售给索罗布耶。

这里以制作顶级塞西那而闻名，为了迎合顾客的口味，他们

用牛的后腿制作而成的肉脯“塞西那”

一直坚持着传统的方式。塞西那是一种用牛的后腿制作而成的肉脯，即用盐腌制过的肉烘干后熏制而成的食物。不光是烘干和熏制的手法，他们坚持采用自然的用盐腌制的方法防止食物变质。只有整整烘干一年之后，才能制作出里外都含有大量脂肪的高品质塞西那，脂肪的含量会提升品质，增加价值。

这家企业之所以长时间和索罗布耶保持合作关系，就是因为他们都坚信品质是信赖的基础，这也是索罗布耶经营的核心理念。不管面临什么样的危机，只要不放弃这种精神，就肯定能够东山再起，这也是索罗布耶用历史所告诉我们的。

从手工汉堡包的流行中看到机会

市场广阔，而竞争企业众多，只要看到机会就立刻进行投资，这便是索罗布耶的战略。两年前，索罗布耶捕捉到一个重大机会，西班牙开始流行起了手工汉堡包，从这时候开始，越来越多的消费者希望吃到对身体有益又更为高级的汉堡包，制作这种口味的手工汉堡包专卖店也是层出不穷。

采用优质的肉做出丰富多样的味道，并需要不同尺寸的肉饼

用索罗布耶的肉制作而成的手工汉堡包

的餐厅越来越多，而索罗布耶也没有错过这个机会，他们开始向手工汉堡包专卖店供应汉堡包所需要的肉饼。汉堡包专卖店为了制作出更加优质的汉堡包，向索罗布耶伸出橄榄枝也是个不错的选择。

索罗布耶在公司里配备了制作肉饼的机器，一个小时内可以制作 1000 个肉饼，不加任何添加物和防腐剂的纯粹的肉饼体现了索罗布耶的良心。在用这种肉制作的厚实肉饼上，放上新鲜的蔬菜和芝士，一款大受欢迎的美味汉堡包就诞生了。

优质手工汉堡包是由优质的肉和新鲜食材搭配而成的，这种考虑到美味和健康的高级汉堡包，改变了人们原来对汉堡包的认识。即便要价不菲，依然有很多人愿意品尝，所以手工汉堡包专卖店总是顾客满堂。

优质食材能够改变食物——索罗布耶的这种实践过多年的哲

第三任老板路易斯·德·布拉斯

学理念给西班牙人带来了很多感慨。

100年老店的黎明

在马德里，最先在凌晨醒来的就是批发市场，索罗布耶的招牌也亮起了灯。路易斯老板在凌晨6点之前就来上班了，现在他也到了该考虑健康的年纪，不知不觉间，他做这一行已经迈入了第49个年头，支持他走过漫漫岁月的就是这份工作的意义。

店里向西班牙王室提供肉类，在品质上获得了认可，不仅是国内，在海外他们也同样获得了声誉。西班牙王室送来的圣诞节祝贺卡片以及法国政府颁发的供应优质肉类企业的奖章，被引以为荣地挂在了老板的办公室里。自己所做的工作获得了认可，没有比这更有意义的事情了。

路易斯老板在开始一天工作之前，会先仔细观察工坊，他会对在自己岗位上专心做事的员工提些建议，同时检查所有的工作是否都顺利进行。今天与昨天没有不同，时间的延续成就了100年的历史。

肉的分割工作他就足足做了有50年之久，刚开始他也没少受到父亲的训斥，说他丢弃了珍贵的肉块。只有带着爱意，工作才能做好，这就是还有一年即将退休的资深老板的领悟。

“我也曾学习如何做这些工作，是父亲教我的，包括如何将骨肉分离，如何切好肉等，因为哪怕是一克肉，都有其价值所在。”

那么即将传承这一克肉价值的第四任老板会是谁呢？令人吃惊的是，并不是老板的儿子，而是他的女儿玛利亚·德·布拉斯。虽然很她年轻，但已经在这里工作了 15 年。作为父亲的老板认为女儿在很多方面都和自己很像，非常适合继承自己的事业。

玛利亚从十八岁就决定要继承父业，这份男人的职业对于女性而言并不是个令人欣然向往的工作，那她到底是出于何种原因决定继承的呢？她心里非常清楚，像渔业和精肉业这种男性的职业，干起来会非常辛苦。

虽然对女性来说并不容易，但她原本性格就刚强，而且也做得非常出色，另外因为受到了严格的父亲的不少影响，她学习到更多的是如何作为专业人士认真工作。她认为每一天都很幸福、很骄傲，最重要的是她对于“布拉斯”这个姓氏感到莫大的自豪，玛利亚现如今正与父亲一起实现着家族 200 年的梦想。

满怀抱负地继承了父亲店铺的玛利亚每一天都在辛勤地劳作着，她负责市场，每周都会对主要的客户，也就是饭店访问两三次，她也会亲自去餐厅介绍自己的产品，推荐他们一试。亲自走访是很重要的，玛利亚的市场营销做得非常积极主动，饭店的老板都相互认识，如果商品不错，消息很快就会传到其他的饭店，顾客就如多米诺骨牌一般蔓延开来。

一家很久以前就开始持续和索罗布耶交易的餐厅表示，这里的品质好到没话说，而且对顾客的要求都能提供细致的关怀和服务，所以他们一直以来都是和索罗布耶交易的。这家餐厅比较特别，会将火炉放在顾客的桌子上用来烤肉，虽然这在韩国的烤肉店非常常见，但在西班牙却是罕见的方式，因为餐桌上并没有抽油烟的通风机，索罗布耶了解到这一点后，为他们提供了不太会产生油烟、几乎没有油脂的肉类，多亏于此，在火炉上直接烤肉的菜肴也成为了这家餐厅的特色。

获得客户的认可是营销中最为重要的战略，需要做的比客户本人更懂得客户，在客户尚未领悟之前就满足客户的需求，一旦客户成功，索罗布耶也会随之获得成功。索罗布耶并不是卖完东西就拍拍屁股走人、只图自己一个人的快活的店铺，而是秉持着一种大家一起过好日子的集体精神，因为这 100 年的历史也是大家一起创造的。

1. 坚持选用顶级品质的牛种

索罗布耶所采用的加利西亚地区的牛拥有优秀的肉质和脂肪，是备受认可的品质顶级的西班牙牛，在超过 20 年的时间里，索罗布耶一直采购这里吃食牧草和玉米长大的牛，虽然饲养农场越来越少，但索罗布耶会亲自寻找加利西亚地区的农场，为了获得品质优异的牛，持续不断地努力。

2. 制作优质肉的催熟过程

索罗布耶会根据肉的品质的不同，在 20 天内保持恒温进行催熟，在这个过程中，肌肉的成分会变化，让肉的口感更加柔嫩，这种保持肉质始终如一的催熟过程是传承了 100 年的秘诀。

3. 应对变化的积极的经营哲学

索罗布耶原本只销售牛肉，后来扩大到了销售猪肉、袋鼠肉、鸵鸟肉等 60 多种肉类，连“塞西那”、“哈蒙”等西班牙人爱吃的加工肉类也开始尝试。另外为了满足顾客的需求，他们还与制作最顶级产品的企业保持合作关系，为了迎合人们变化的口味，他们现在开始制作高级汉堡包肉饼。

4. 满足顾客的需求

不管是什么种类或什么部位，只要有订单下来，索罗布耶就会供货，甚至当有顾客要求特殊的品种时，店里也会想尽办法满足客户的需求，就算有人要求休息日送货也是如此。当送货给餐厅时，店里也会先行了解客户的状况，提供最顶级的肉，并因此获得了信赖。

5. 传承家业的自豪感

精肉店利益微薄而且工作辛苦，为了传承这样的店铺，需要不分昼夜地留守在店里，即便如此，包括祖辈老板在内，店里的员工都非常热爱自己的工作，并对工作充满了自豪感，他们没有靠嘴皮子，而是用行动实现着职业的价值。

店铺信息

地　址	Mercamadrid. Mercado central de carnes modulo 13, Madrid, Spain
官网主页	www.solobuey.net
电　话	+34-91-507-12-32
营业时间	周一至周六8:00-15:00

用革新传承的抹茶美味

日本抹茶名店

中村藤吉

“不需要的传统终究会消失不见，我们所做的事情就是保持备受喜爱的传统。”

——中村藤吉第六任店长中村藤吉

位于日本关西地区京都府的宇治市如今仍保留着约 1200 年前平安时代的历史风貌，代表了日本的历史文化。在这里可以看到 646 年建造的日本最古老的的三座大桥之一宇治桥等历史悠久的遗迹，还可以邂逅诸多别致的风景。街道上充满了绿色，这些绿色的植物都是茶树。

在日本关东地区，静冈以抹茶而闻名；在关西地区，以抹茶而闻名的是宇治。因此，抹茶是象征宇治的名称。在宇治的一所学校，每年都会给三年级的学生教授一门特别的课——抹茶制作，学生们亲自揉搓并烘干茶叶，这样做的目的是为了是让孩子们更加熟悉家乡著名的特产抹茶，并从中得到快乐。

宇治大约从 830 年前就开始生产抹茶。在这所学校，大约每个班上都有一两个家庭是靠抹茶维生的。10 年前这里开始为孩子们提供抹茶，令人惊讶的是，学校的水龙头里都会流出抹茶。打开标记为红色的水龙头，温热的抹茶就会流淌出来，这是只有宇治才能一见的风景。

对宇治人而言，抹茶的意义早已超出了特产的定义，抹茶是他们的自豪。在宇治的一处僻静的住宅，坐落着抹茶名店中村藤吉。这里完好保存了日本传统私宅的样子，在过去的 153 年里，它一直坚守在宇治，是一家制作和出售抹茶的抹茶专卖店。

153 年传统的日本优秀抹茶店

1859 年第一任社长中村藤吉在以日本三大茶叶生产地而闻名的京都宇治地区，以“中村藤吉”的名字开设了这家店铺。宇治

中村藤吉的抹茶咖啡屋

地区气候温热潮湿、水土优良，中村藤吉利用宇治清澈的水源栽培茶叶，并制作成抹茶，很早就成为日本优秀的抹茶店，甚至还将抹茶供到了日本皇室。

进入充满抹茶香的店铺入口，有一间主屋，这就是第六任社长中村在管理的抹茶咖啡屋。早上 11 点，当咖啡屋开门营业之时，店里已挤满了顾客，有 60% 的人都是从其他地区远道而来的。

绿茶于 12 世纪传入日本，为了一品流传至今的深绿色的传统抹茶，人们不惜赶几个小时的路程来到这里。中村藤吉保持了传统的制茶方式，将抹茶分为“薄茶”（清淡）和“浓茶”（浓稠）两种。把抹茶粉调制黏稠，容器里散发出特有的强烈苦味的是浓茶，在此基础上加入水做出泡沫，口味更为清淡一些的就是薄茶。因为很少店铺供应浓茶，所以，越是怀念传统的人就越喜欢来这里。

顾客们在品味中村藤吉的抹茶时，会回味起已经淡忘了的传统的味道。为了延续这一传统的味道，从食材到制作方式都要遵循老店流传下来的模式：将茶叶碾碎后制作成名为抹茶的绿茶粉，在其中倒入约摄氏 90 度的热水，再用手搅拌制作，这就是浓茶制作的固定模式。

将茶叶碾碎后制作而成的绿茶粉“抹茶”（上）
在抹茶中加入煮沸的水后制作“浓茶”的过程（下）

抹茶粉非常敏感，在日光灯下会立刻变色，香味会变得不同，口感也随之变化。因此需要把抹茶粉按一定的量分开，密封放在不露光的地方保存。抹茶粉做成茶后，可以当作餐后茶点或其他饮料供应给顾客。中村店长相信，可以让人随时品尝的充满清凉感的茶饮是最为理想的茶饮。

虽然中村藤吉追求革新，但其中有一点是绝对不会改变的，那就是传统的味道。能够同时感受到苦味和甜味，茶的味道一直在口中萦绕，这就是传承了 153 年的抹茶名店中村藤吉制作的抹茶的味道。

从茶叶采摘开始，抹茶就饱含制作人的品格

中村藤吉像对待家人一样对待诚心诚意负责栽培茶叶的茶农。抹茶使用的茶叶栽培时需要遮光，挡住直射光线是为了保持茶叶绿油油的颜色。这家茶园土地肥沃，连一株杂草都找不到，其中必定耗费了茶农不少的心血。

宇治的气候温暖，以能够出产比任何地方都青翠且香味浓郁的优质茶叶而闻名。可是高品质的茶叶并不只是靠大自然的力量获得，每年当茶树长出嫩芽时，中村藤吉就会采用手工方式采摘一片片茶叶。茶叶只采摘嫩芽的部分，储备一年所要使用的茶叶。如果用机器采茶只能采到最上面的嫩芽，其中还会混合一些老的茶叶，所以他们选择用手工采摘。好的茶叶厚实坚韧，不容易折断。另外茶叶也不能太小，叶片一定要均匀才行。

中村藤吉在继承老店之后，开始学习采购茶叶的工作。他来到了茶园，看到茶农们在茶园辛勤地栽培绿茶，就下定决心要用这些茶叶做出美味的抹茶，让更多的人知道和品尝抹茶。他做的这些，就是对茶农辛勤劳作的最好回报。

茶农和中村藤吉在多年相互信任的基础上，以制作出优质的抹茶为目标，共同努力着。60 年来一直在茶场工作的寺川于 20 年前将茶场交给了儿子经营，退出了一线。中村店长很快也要将店铺交给儿子继承，新的一代经营者会开启一段全新的合作关系。茶农和店铺的关系，首先是人与人之间的关系，其次才是交易关系，这种关系是一种世代之交，跨越了时代。

为中村藤吉提供绿茶的茶园延续了 100 年

在茶叶采摘之后，茶农们开始加工茶叶。根据加工工序的不同，抹茶的口感、香味以及颜色也会有所不同。加工抹茶的第一道工序，就是在没有炒制或烘干的时候直接蒸制茶叶。蒸的时间过长，茶叶的绿色就会消失不见，但蒸的时间太短，就会有一股青草味，很难获得浓郁芳香和抹茶独有的苦涩口感。因此，工人需要根据采摘好的茶叶的状态来调控蒸制的时间。蒸制的时间是最为重要的，但不管做过多少遍，掌握这项工作还是很有难度的。

茶叶在蒸完之后需要立刻干燥，这是为了防止茶叶因水分而发酵，在长约 13 米且分为三段的干燥网上，茶叶一片一片飞舞，大约 18 分钟就能清除茶叶上的水汽。虽然煎茶是用手来揉搓的，但点茶（用于制作抹茶的茶叶）是不用揉搓的，因为不用手揉搓，在干燥时就可以保持茶叶原有的形状。

利用磨石打造细腻颗粒的抹茶

经过干燥网的茶叶会在15分钟内再次加热到摄氏60度烘干，这样做可以有效地阻止茶叶发酵，因为茶叶一旦发酵，不仅香味会有所损失，就连维他命等成分都会减少。如果温度过高，茶叶会烧焦，所以一定要仔细认真才行。

经历了这样的干燥过程，将杂质和茶叶分离，制作抹茶的准备工作就完成了。虽然茶叶的采摘和加工都需要茶厂完成，但制作抹茶还是需要店里来负责的。中村店长采用祖辈们一直使用的方式，亲自用石磨将茶叶打造成颗粒细腻的抹茶。如果将石磨上下部分开，就能看到石磨上有放射线形态的沟壑，而最边缘的部分没有沟壑，没有沟壑的部分，会将纤维质全部压榨出来，从而做出抹茶粉。通过这种方式制作出的抹茶粉颗粒，一般在4～10微米（1微米=1米的1/1000）之间，这时的口感是最好的。

石磨转动一个小时生产的抹茶只有40克，还不够三人份。可是量的多少并不重要，重要的是有“味道”。坚守住这多年追求且始终如一的抹茶口味，秉持着向人们展示卓越美味的心态，中村藤吉通过这一道又一道的工序，创造出了美味的抹茶。他们所做的抹茶中，饱含着浓郁的岁月之香。

同走一条路的家人

中村店长的母亲中村幸子是这家店里资历最深的员工，虽然她已经80岁高龄，但依然坚守着店铺，在老店的门口热情地招待顾客。中村幸子就出生在这家店里，一辈子与抹茶相伴。

在这传统与现代共存的老店中，一家人坚定地走过了153年，抹茶的品质与制作人的诚心成正比是整个家族世代相传的信条。这一信条是从1859年江户时代开设这家店铺的第一任先辈中村藤吉那里开始的。第二任店长曾叫芳太郎，在继承了这家店之后也改名叫中村藤吉，继承姓名意味着守护家族继承产业，并传承历经岁月打磨的所有传统。

现在店铺由第六任中村店长负责，他的儿子省吾将会成为第七任店长。省吾在八年前就开始在父亲身边打理店里的工作，做好了继承前六代店长优秀传统的准备。

中村藤吉家族在传承家业上还有另一条铁律，就是在接任者年满40岁的时候才能转交店铺的经营权，今年31岁的省吾还要等待9年的时间。

现任中村店长也是在40岁之际接下的店铺，在他年满40岁的一天，第五任店长将他叫到跟前说道："从今天开始你就是店长了，我会将店长权利交给你，你就当这是全新的开始，好好工作吧。"这样第五任到第六任老店掌门人的传承工作就完成了。

第六任店长中村藤吉

在这条必须年满 40 岁才能继承店铺的铁律中，到底隐藏了什么样的规则呢？祖辈们认为 30 岁就负责店铺太年轻，但 50 岁又太年长，最适合的年纪就是 40 岁。“就算 40 岁失败了，这个世界也可以原谅你。”这就是第五任店长对铁律的诠释。因为这个年纪有体力和精神，不管是做什么，都可以重新开始。

将失败作为前提是非常有意思的一件事，与其警告后辈绝对不容有失，给后辈增加压力，还不如在它们身心状态最佳的时候将生意传给他们，让他们不要畏惧失败。光是从坚守多年历史和传统这一点来看，我们会认为中村藤吉是权威主义和独断专行的，但其实他们比任何人都懂得改革创新。

不变化就难以为继

20 年前继承了家业的中村店长，在持续不断的挑战中继续经营。2001 年为了销售餐后甜点而经营的咖啡屋，就是这种挑战所带来的结果。

过去店里的氛围和出售的产品全都是传统日式风格的，中村店长认为这种传统方式很难让大众接近。因为日本人也不是什么场合都穿和服的，所以中村店长想要在其中增添一点变化，为的是不让店里的历史和传统给顾客带来压力。

但这也不是说要完全采用现代式样制作全新的东西。他很聪明地对传统的绿茶加工厂进行了现代化改造，将其打造成了咖啡屋。建筑物依然保留如从前，只是将室内装饰得更加简单，咖啡屋很好地将传统和现代融合在一起，这种独特的氛围吸引了不少新老顾客。

“抛弃传统异常简单，但想要再复原却是不可能的，所以守护传统才是最为重要的。”

中村店长非常清楚究竟哪些是要保护的，而哪些又是要重新改造的，虽然想要维持这种微妙的平衡极为困难，但他却成功了。这种在传统中反复寻求变化的努力收获了超出预期的效果，和曾经只出售抹茶的传统茶屋时期相比，客人增加了三倍以上，年龄层也变得丰富了，从十几岁到七十几岁不等。

中村藤吉用传统绿茶的基本食材抹茶制作出了 15 种不同的食品，如将抹茶、白糖和牛奶配比在一起调和制成的抹茶果冻冰激凌以及抹茶荞麦面、抹茶软冰激凌等。为迎合现代人口味开发出的餐后甜点很受欢迎，中村藤吉从 14 年前就开始推出这些餐后甜点。

引导咖啡屋取得成功的产品之一，就是在零下 15 度冻好的竹筒里，放入抹茶冰淇淋和果冻制成的抹茶果冻冰激凌。一碗的售价为 720 日元，占据了目前销售额的 80%。尝过这道甜点的客人，将其描述为“带来幸福的味道”，想来没有比这更好的赞誉了。

为咖啡屋带来成功的“抹茶果冻冰激凌”（上）
抹茶荞麦面（中）
抹茶冰沙（下）

结束了早上工作的中村茅野来到了制造工厂，制作餐后甜点的地方安保非常严密，就连如NHK这样的日本电视台的采访都被拒之门外。

餐后甜点的开发是由中村店长的妻子茅野负责的，在咖啡屋开门营业之前的1998年，她就开始致力于餐后甜点的开发。她开发茶点的原则是“以抹茶为中心”，为了不破坏抹茶原有的味道并将其发挥到极致，需要合理搭配面粉和白糖之类的食材，调控食材是非常不容易的工作。

甜点制造的重点在于很好地保留抹茶的口感、颜色和香味，用烤箱烤制而成的抹茶曲奇饼颜色会改变不少。因此，为了保持抹茶的颜色，在烤制过程中需要多次

保留了抹茶的口感、颜色和香味的抹茶曲奇饼

移动烤盘上曲奇饼的位置。开始要确认是否都烤熟了，之后再反复进行几次相同的工作，保持每一块曲奇饼上没有烤焦的痕迹。

中村藤吉开发制作一道甜点平均需要耗费三年的时间，其间需要不断地品尝，有时甚至会吃坏肚子。

最近店里又开发出了一道全新的茶点，就是包装好销售的抹茶糖，一般的抹茶糖产品都只在底层涂上一点抹茶，而且那部分抹茶还涂不匀，因此看上去并不美观。但中村藤吉却解决了这一问题，秘方包括食材的配比和抹茶用量的调整等，这些都是公司的机密。

自从 14 年前开始开发甜点以来，中村藤吉每年都会推出一道全新的餐后甜点。中村店长表示，按照传统，需要投入三分之一，也就是 33% 的精力革新。

“比方说，制作一万种产品，其中可能只有一个会留给后代，如果不进行变化，就很难守住传统。”

革新并不是一蹴而就的，必须要有多年岁月中积累的智慧以及不畏惧变化的精神，这一切才能成为可能，中村藤吉会继续在传统中力求变化。

始终不忘以茶为中心

到了6月份，来宇治的游客会是平时的两倍以上，他们是为了品尝新茶而来。出产新茶的6月，对打理茶叶的人而言就如同新年一般，这就是一年新的开始。

不久前做好了抹茶准备工作的中村店长，又进入了新茶的准备工作中，新茶就是用烘干的茶叶直接泡好饮用的“玉露茶”。出产新茶的时期也是省吾最为紧张的时候，自从开始这份工作，他每年都会和父亲一起参与新茶的试饮。这一刻，父亲是比任何人都要严格的评委，虽然茶叶没有什么沉淀，好像并没有问题，但中村店长却能检查出其中的问题，比方说香味不够好。

对于制茶的人而言，鉴别茶的味道是经过毕生学习才能获得的本领，无法用语言表达的。就算教导也难以掌握，想要领悟这种感觉其实是最难的。

有色泽的茶、有香味的茶、有味道的茶——中村藤吉每年都会通过试饮，筛选出以上三种茶并进行配比。

制作出专属于中村藤吉味道的新茶并将其包装出售或通过网

络销售，不仅卖给宇治，还会卖给全日本各个地区的顾客。晚上 11 点关门打烊之后，从刚刚摆脱了学步车的年幼的曾孙女到曾祖母四代人齐聚一堂喝茶。结束一整天的工作，“茶”这个字对中村家族而言，具有非常特别的意义。这是他们自出生以来说得最多的字，也是这辈子都要怀揣着的信念。

中村藤吉丰富多样的抹茶

中村藤吉一直坚守着“有茶在，我们家族才能生活”和“一定要将我们觉得美味的东西分享给其他人”的信念，这种以茶为中心的精神，也成为了连接中村家族的纽带。

中村店长挂上暖帘（写有店铺商号的布帘）开门营业了，153 年来店铺门口一直挂着暖帘，它代表了店铺的理念，每天早上开门营业挂上暖帘时，中村藤吉都会怀着对昨日的感激之情，并期许着今日顾客盈门的希望。

幸子一直在门口的一角迎接顾客，为顾客介绍新茶，当有新茶出来时，她会让顾客立刻品尝到。她想要让顾客感受到用刚刚摘下来的茶叶制作成茶后才会有的那种苦味、涩味和香味。在这股香味消失之前，她想要和更多的人一同分享。当很多人分享好茶并心满意足时，她会感到此刻的意义胜过任何时刻。

中村藤吉变了，但其实又没有变化，不管是从前还是现在，茶的味道都始终如一。传承了 153 年的抹茶专卖店中村藤吉的核心便是这抹茶。

中村店长将生意比为树木，最中心的枝干部分就是抹茶，为了让枝干更加的结实，他们开发制作出了餐后甜点，在不脱离茶的范围内，经营着咖啡屋，生长出了茂密的树枝和树叶。

1. 蕴含着制作之人的诚意

中村藤吉坚信制作之人的诚意越大，抹茶的口味就越浓郁，店里一直在诚心地进行绿茶的采摘、加工以及制作的工作。为了完好保留抹茶的口味、颜色以及香味，他们采买优质的茶叶来制作产品。

2. 革新和挑战

从创业之初开始，中村藤吉就延续了革新这一经营哲学，在过去的 153 年里开发了共 10 种茶以及 15 种抹茶甜点茶品。冰激凌、果冻、长崎蛋糕等抹茶甜点迎合了现代人的口味。这些甜点吸引了 20 至 40 多岁的年轻人，也持续不断地创造了销售的业绩。

3. 在变化中依然坚守传统味道

虽然追求革新，但抹茶的口味上依然得以保留。在开发出全新的甜点时，最费心思的就是如何保留抹茶的味道。为了做出传统的味道，从食材到制作方式都原封不动地沿用祖辈的方法。即便随着时代的转变，产品的形式有所改变，但口味依然始终如一，也正因此，客人才总是会来访。

4. 以茶为中心的家族的力量

自从第一任中村藤吉店长于江户时代开门营业以来，到现如今的第六任店长，都只是考虑着茶这个产品，并诚实地经营着店铺。如今四代人依然会聚在一起喝着茶结束一天的工作，大家互相成为了对方的依靠，坚守着家业，并因为这份家业而让整个家族成为了一体。

店铺信息

地　址	京都府宇治市宇治壱番十番地
官网主页	www.tokichi.jp
电　话	+81-774-22-7800
营业时间	高级茶卖场10:00-18:00 咖啡屋11:00-18:00 （周日休店）

· F.G.康泽恩
· 考斯特门斯
· 卡斯兰·巴克兹乐克
· 多米尼科·查蒙蒂纳
· 德德玛·奥斯曼尼·查勒科
· 格拉思迈尔
· 斯米洛夫

第二章

匠人指尖孕育的**百年老店**

对作品进行再创作

德国传统相框店

F.G.康泽恩

“没有艺术就不会有相框存在，只要艺术存在，康泽恩的历史就会继续。”

——F.G.康泽恩第六任老板弗里德里希·康泽恩

德国的艺术之都杜塞尔多夫

德国西部的中心城市杜塞尔多夫从18世纪后半期开始，出现了不少的音乐和美术学校，成为德国的艺术之都。街道上到处都是独具创意的建筑物，让人一眼就能看出这座城市对艺术的热爱。

在这座创造艺术的都市杜塞尔多夫，我们找到了F.G.康泽恩，它距离市中心大概10多分钟车程。这是一家从1854年就开始制作相框的公司。从艺术家到普通市民，对于杜塞尔多夫人而言，当他们需要相框时，F.G.康泽恩是他们最先想到的地方。

康泽恩在杜塞尔多夫和整个德国都相当出名，包括杜塞尔多夫市美术馆在内，德国境内的50多家博物馆和画廊都将德国艺术家的画作和照片放在F.G.康泽恩的相框中进行展示。另外根据照片和画作的风格，这里还会按照顾客的意愿定制相框，与其他公司不同，这里坚持着一对一地为顾客私人定制相框的方式，这就是迄今为止备受顾客喜爱的 F.G. 康泽恩的秘诀。F.G. 康泽恩是一家与杜塞尔多夫的艺术家们共同成长的拥有 158 年传统的相框店。

在艺术之都扎根

在一条遍布画廊的小巷，有一座 F.G. 康泽恩的宝物仓库，这就是公司第五任老板弗里德里希于 1963 年创立的相框博物馆。这里收藏着从创业之初开始，祖辈们收集回来的古典相框。这些保存了数个世纪之久的相框，就是活生生的历史指南。

弗里德里希老板自豪地说："我是靠相框为生的。"在出售赖以为生的相框的同时，他自然要知晓相框来自何处，历史又是怎样的。

在四角相框内装载艺术历史是 F.G. 康泽恩从公司创立之初就定下的理念。公司设立于杜塞尔多夫的原因为，在 19 世纪，杜塞尔多夫有着众多欧洲最重要的艺术院校，还活跃着诸多闻名的艺术家，因此，对相框的需求也相当大。

F.G. 康泽恩于 1854 年在美术大学发展繁荣的杜塞尔多夫扎根，开始制作手工相框。很快公司就取得了不错的业绩，开始向市内所有美术大学供应相框。但是伴随第二次世界大战的爆发，危机也一同到来，整个城市都被破坏，F.G. 康泽恩的工厂也受到了炮火的袭击，遭到了不小的毁损。而这在当时已经算是比较幸运的了，当时的德国，经营相框产业的人大多会同时经营玻璃产业，可因为战争的关系，不少玻璃都被打碎。F.G. 康泽恩开始经营起玻璃生意，进而对销售起到了不小的帮助。

就这样，六年来公司在制作玻璃的同时积攒运营资金，重建了工厂和店铺。再次开始从事相框制作的 F.G. 康泽恩现如今已经成为了代表德国的手工相框专业公司，公司借助这段历史，展现了和机器化生产企业所不同的服务方式，提供修复破损古典相框的业务。

巴勃罗・毕加索的女性肖像画

了解作品看相框

在杜塞尔多夫，大大小小的画廊有 100 多处，这其中“拜客 & 爱格林”画廊是一家私人收藏家经营的画廊，展示着 20 世纪初期著名画家的美术作品。

这里还可以看到现代美术巨匠巴勃罗・毕加索于 1946 年所绘的一幅女性肖像画，虽然这幅画只是简单铅笔的素描，但几个线条就诠释出了女性面庞的特征。

相框这种东西一般不会引起人的注意，而当名画放置于其中后就会增添其价值。正如同我们懂得赏花，却从不关注花盆一样，我们赏画，也从不仔细观察相框。相框存在的意义是若有似无地为画作添彩。

画廊的馆长米歇尔・拜客说，当他第一次购入这幅毕加索

康泽恩的相框背面贴有写着制作规格的标签

的画时，它是放在一个厚重且华丽的相框里的，这样的相框遮掩了画的魅力。而如今这幅画在康泽恩的相框中再次复活。相框的背面贴有标签，写有F.G.康泽恩的名字以及所使用的玻璃。

一家约有150年悠久历史的画廊负责人也表示，他们家世代都使用这里的相框，有时候画作销量不好，但更换了相框就能卖出去。

拥有158年传统的德国相框名店F.G.康泽恩用世代相传的技术制作出的相框，将承载着欧洲艺术史的古典设计风格融入其中。第六任老板弗里德里希·康泽恩非常重视再现数百年前的巴洛克风格或文艺复兴风格的相框框架和装饰。

和文艺复兴风格相比，哥特风格的相框会刻一些较为简单的图案。而文艺复兴风格的相框会有一块平坦的部分，这就能够让人一眼看出它是不是文艺复兴风格的相框。

这种哥特式设计风格的相框是F.G.康泽恩相框特有的，但这不代表相框是古典的，就只能用于古典作品。比方说，1986年日本现代作家小山重光的作品，就曾使用文艺复兴式的相框。什么式的相框不重要，重要的是相框和作品的和谐。小山重光的现代画作放入文艺复兴的相框之后，整个作品增添了厚重感。现代画作和古典相框所对照形成的那种紧张感，比单纯的画作更有趣。16 世纪设计的相框和 20 世纪画作之间的配搭，比预想得要和谐得多。

而那些色彩斑斓带有花纹的相框不太合适他的画作，因为相框自身明朗活泼的感觉和小山冷静严肃的作品并不相称。

相框是由作品决定的，在相框的选择上并没有固定的模式。因为每位顾客的喜好是不同的，这也是艺术领域工作复杂的地方。每个人的喜好不同，到底什么是对什么是错，谁都难以下定论。因此，“我们公司所做的事就是了解画作，找到与之相匹配的相框。”弗里德里希说道。

F.G. 康泽恩是在创造另一个让顾客珍贵的更加光耀夺目的作品。优质的相框会为画作增添韵味，从视觉上提升画作的价值，在吸引观赏者视线的同时，也使用优质的玻璃保护了画作。在保护作品安全的同时，相框还必须和整体的颜色搭配和谐，不影响欣赏。忠于使命的 F.G. 康泽恩的相框不是配件，而是作品的一部分。

针对每一位顾客提供服务

根据大小、颜色以及纹样的不同，F.G. 康泽恩推出了三百多种类型的相框。他们制作的相框不仅品质优良，而且注重搭配。F.G. 康泽恩的相框百分之百是按照私人定制的方式来制作的，因此，顾客需要把放入相框的画作直接拿来，没有画作是无法挑选相框的。

为画作挑选合适的相框，就如同人挑选合身的衣服一般，F.G. 康泽恩竭尽全力帮助顾客进行选择，这也是顾客们喜欢这里的原因。

下订单前的第一个阶段就是对作品进行分析。有一位顾客带来了尼古拉斯 · 富雪尼的画作，在销售部门工作了四年的伊蕾娜 · 克莱伊奈特贝尔仔细研究了顾客带来的画后说："这是 1973 年的作品，画作中使用了不少颜色，看来得找找符合这部作品年代的相框了。"

分析完作品的销售员工会与顾客一起筛选相框的框架，因为顾客的意见是最为重要的，所以绝对不能急于劝导或催促，销售员最重要的任务就是给出建议。

"画作有一种提亮的感觉，这个相框给人营造一种低调的氛围，这样应该能够起到分散视线的作用。"员工给出了这样的建议，向顾客推荐了最适合的一款相框，赋有现代感的相框和作品形成了明暗对比，听到这样的描述顾客也比较容易接受。对于在挑选相框过程中获得的建议，顾客也是相当满意。最重要的是这里选择的范围很宽泛，而且有能力的员工也很多。

现在 F.G. 康泽恩有 7 位专业销售员，他们全都是美术史专业、文化信息学专业等相关学科毕业的。销售相框光懂相框是不行的，一定要得懂得画作、热爱艺术才行，还要会辨识顾客所带来的画作，了解画作是属于哪个年代的、用什么样的技巧绘制而成的。只有当员工理解作品，费心地去打理作品，这样的信赖才会让顾客甘愿将自己珍贵的画作带过来。

在康泽恩可以挑选到最适合画作的相框

等到顾客下完订单，就要开始制作了。相框的基本材料是木质框架，康泽恩在德国东部经营的原木工厂里买来半加工的木质框架，然后根据相框的大小和设计要求，交由相应的员工负责。

虽然员工知道相框的整个制作过程，但这个过程还是被细化分解，并交由不同的人负责处理。耗费力气的制作古典相框的工作主要由男员工负责，制作花纹贴合的工作也由专门的员工负责，厂里会根据不同的职责将工作分配下去。

F.G. 康泽恩的相框全是由手工制作而成的，短则经过 3 个阶段，长则需要 20 个阶段。虽然根据大小和设计要求会有所不同，但所有相框制作的第一道工序都是一样的，那就是给木质框架上色。这其中贴金箔的工作不是用机器制作，而全部是由手工完成的。

给相框贴上金箔的工作是为守护相框所蕴含的历史感而做出的努力

今年已经做了 40 年金箔工作的修兹·米赫尔米内拥有自己的独门秘技，这是从理论上学不来的。贴在相框上的金箔是真金。金箔相框是从 12 世纪就开始流行的具有代表性的欧洲相框，虽然通过涂抹涂料的方式可以更为快速地制作相框，但采用真金守护住了相框所蕴含的历史感。那些只是单纯涂抹了金色的相框是无法成为真金相框的。

这就如同当画家画出作品时，作品本身就具有了价值，但是当其他人借用了画家的名声绘画，就不具价值了。康泽恩是该领域拥有了超越 100 年经验的专家，正是因为顾客相信他们的这份实力，才会放心地将画作交给他们。

艺术面前人人平等

负责修复工作的员工提尔·奥林是公认的注意力非同一般的人。他听不见声音，所以和懂手语的员工用手语沟通，和其他人用身体语言、画画或写字等多种不同的方式沟通。通过看嘴型他也能读出对方在说些什么。

现在制作部门共有 12 名员工，这其中 4 个人都有听觉障碍。从 1968 年开始，F.G. 康泽恩会雇佣听觉残障人士到制作部门工作，所占比例为 10%。弗里德里希老板表示，之所以雇佣听觉残障人士并不是出于社会责任，这个答案虽然叫人有些意外，但听过他的理由之后，不由得让人立刻点头称是。

如果说是出于社会责任，听上去就像是因为同情心才雇佣这些人，但是弗里德里希老板并不是出于同情心才雇佣他们的。他并不认为这些人有什么不足的地方，有些事情听觉没有残障的人做不来，他们反倒做的更好。比方说他们的手艺要比一般人好很多，这种能力在这一行是必备条件，另外他们在沟通上也不存在什么大问题。

公司资历最深的员工比尔普利特 · 莫洛有听觉障碍，他在这里负责石膏装饰已经有 41 年了。石膏装饰首先需要在石膏粉中加入阿胶和松脂，然后搅拌煮制而成的黏着剂，制作出石膏团。因为石膏团需要在滚热的状态下快速制成，所以不管有多烫，比尔普利特的手都不会离开石膏浆，如果动作太慢，石膏浆就会流出来，无法形成团状。

一个小时后，石膏团制作完成。除了他，任何人都无法做出如此完美的石膏团。比尔普利特在汽车厂、自行车厂工作过，可是他却说这里的工作是最有趣的，并留在了这里。因为这份工作并不是单纯的劳动，而是要再现艺术品的历史。

只要是热爱艺术的人都能做好这件事，这就是 F.G. 康泽恩的

石膏装饰中使用的阿胶和松脂煮成的黏着剂

铁律。为此店里雇佣的许多听觉残障人士会和非残障员工一起工作，企业必须要担负社会角色和责任，这是 F.G. 康泽恩坚守了 158 年历史的经营哲学。和利润相比更重要的是实现价值，亲身践行着企业职责的 F.G. 康泽恩已经超越德国，成为全世界企业的楷模。

历史中诞生的相框设计

种类丰富多样的 F.G. 康泽恩的相框框架，使用了各式各样的天然木材，包括云杉木、樱树木、枫树木、橡木、松木等。根据木材的颜色、纹理、花纹和强度的不同，可以制作出丰富多样的相框框架。

这里保存着所有的花纹样式，文艺复兴风格的花纹、条纹类的花纹、现代风格的平面花纹等，各种相框框架花纹的模型在这里存放着。

F.G. 康泽恩现如今依然保存着创业之初制作使用的两千多个相框花纹模型，与以往不同的是现在是用机器完成原先手工按压模型制作的花纹，不过这个机器的年纪也超过了 50 岁。

通过这种传承过去的努力，F.G. 康泽恩的相框绽放了别样的美丽。设计样式的时期包括绘有文艺复兴风格植物花纹的 16 世

跨越了时代的三百多种设计相框

纪、诠释了曲线美的 17 世纪、强调了小而纤细花纹的 18 世纪到完美展现了金属魅力的现代等。

弗里德里希老板表示，从过去的相框中可以体现出相框的艺术风格——表面上贴合了金箔的和没有金箔的，完好地保留了木质感的原木等。康泽恩在过去的风格中融入了全新的内容，创造出了新的历史。

“我们相框的设计源自于过去的历史。”

富有权威的特殊技术

F.G. 康泽恩扎根于历史，持续不断地尝试着变革。从 10 多年前开始，他们就正式开始进行纸质相框的制作。其实纸质相框从 50 多年前就存在了，但因为纸张很容易变质，所以很难将其商品化。百分之百木浆纸在岁月的打磨下会改变颜色，一旦纸张的颜

F.G. 康泽恩从创业之初就保存并使用过超过两千多个花纹模型的相框

色发生了改变，就会对作品产生影响。为了保证质量，F.G. 康泽恩采用去除了让纸张颜色变黄的木质素成分的纸张，制作了不破坏作品风格的纸质相框，这种相框即便经过 30 年也不会改变颜色。

杜塞尔多夫的市博物馆里正展示着五万张照片，这些照片使用了 F.G. 康泽恩制作的纸质相框。如果直接将照片放入相框之中，很容易损坏其表面，而这种纸质相框就起到了保护照片作品的作用。在放入作品的纸张上覆盖了制作成双层的标签，从而减少了作品和纸张的接触面积，也阻挡了光线。

制作相框的工具很简单，只要有一把带有尺和量角器的刀就可以了。用刀剪裁纸张的技术是非常特别的，其中的秘密就隐藏在剪裁成斜线的纸张的横截面中。在收尾的时候将纸质相框的内侧做得稍微有点斜度是非常重要的，因为当棱角的部分有粗糙感时，就会妨碍到人们欣赏作品的视线，F.G. 康泽恩的纸质相框采用技术手段完美地将这部分剪裁掉，这项技术并不简单。

使用纸质相框的杜塞尔多夫博物馆的展览

在展示作品的同时又能保护作品，这就是F.G. 康泽恩在过去158年追求的目标。一位带来丈夫生前留下的最后作品的顾客，希望定制一款能够让画作不受光线侵袭的相框。为此，制作人员在相框的内侧涂上了颜色，画作也随之看上去明朗了许多，就像是颜色都复活了一般，顾客也是相当满意。

既能凸显作品魅力又能起到保护作品作用的重要因素就是遮挡画作的玻璃。根据不同的玻璃品质，放入相框中的作品的清晰度和寿命也会有所不同。用普通玻璃制作而成的相框，会产生反射光线，很有可能会让人看不清楚画作。

根据顾客的订单要求，F.G. 康泽恩使用了三种防紫外线比率和清晰度各不相同的玻璃。他们使用一种防紫外线率为84%、用和制作眼镜镜片相同的方式特殊制作而成的玻璃，以此来保护作品免受光线的侵害。另外这种玻璃和其他相框的玻璃不同，不会像镜子一样产生反射光，所以人们在欣赏作品时也能够自在地享受相框带来的益处。

当画作被放入相框中，轻微的碰触只会让相框表面产生痕迹，不会对画作产生伤害。相框就是这样起着保护画作的作用，并同时给人们的欣赏带来舒适感。

与艺术共存

在接到客户的订单后一直到相框制作完成之前，康泽恩都需要妥善保管客户的作品。12 名制作部门的员工只有一人能够进出作品保管库，从专业画家绘制的价值连城的画作，到小孩子画的一幅小小作品，都会存放在这个地方保管。顾客的作品是无法用任何价值衡量的财产，因此，在相框制作的最后一道工序，也就是将画作放入相框中之前，会在玻璃的四个方向放上细长的塑料棍。

一旦画作与玻璃有了直接的接触，随着时间的流逝就会产生酸性反应，作品的颜色也就会发生变化。另外，因为工厂内的湿度和顾客即将放置相框的地方湿度不同，也有可能会引起画作的变化。因此，在玻璃和画作之间一定要空出大约 5 厘米的空间。从接到订单的那一刻开始，到将画作放入相框的那一刻为止，大家都会秉持着为顾客以及顾客的作品考虑的心态去制作相框。普普通通的木材造就了一幅作品、一个相框，这就是弗里德里希老板和员工每天都会沉迷于这项事业的原因所在。历经每个阶段的小小变化，到最后制作出成品，整件制作过程实在是太酷了。

弗里德里希老板会随时走访在杜塞尔多夫活动的年轻画家，仔细观察他们的作品，并为他们建议如何选择适合的相框。这一

第六任老板弗里德里希·康泽恩

天老板来到工坊拜访一位年轻画家，这位画家今年年末将在法兰克福举办展示会，弗里德里希正在为他示范 F.G. 康泽恩各种相框的特征。

弗里德里希经常与画家一起一边看着画作一边商议，画家也会不时地给出一些建议，比方说他希望画作和相框之间的空间能够更大一些，又或者如果间隔宽一些、相框厚实一些。

弗里德里希老板说："正如艺术家们会在观察其他作品时获得灵感一般，我们也会在观察艺术作品时获得灵感。"在这一行，和其他企业的竞争并不会有助于销售或公司的发展，他不觉得竞争有多重要。

"大家互相收获灵感，加强在艺术领域的学习，和艺术一起共存，这才是最重要的。"

对于制作相框的 F.G. 康泽恩的员工来说，每一天都是挑战。

正是基于这个原因，还有一年就要正式退休的拥有 40 年工龄的修兹，直到现在还说自己的工作太有趣了。

F.G. 康泽恩还计划着更大的发展，可是他们所追求的发展并不是领先世界的水平，而是能够随着艺术的潮流勇往直前。他们的这种试图和艺术实现沟通、共存的努力，以及这种只生产优质相框的精神，会点燃杜塞尔多夫以及德国的艺术之火。

1. 一对一私人定制

顾客会将作品带来，和店里专业的销售员进行一对一的商谈，这里的专业销售员全都曾修过美术史和文化信息学等与艺术相关的专业，他们会对画作进行分析，并对相框的选择给出建议。

2. 在过去的基础上创新

F.G. 康泽恩用世代相传的制作技术制作着蕴含着欧洲艺术史的古典相框，从创业之初就开始使用的两千多个装饰用模型一直沿用至今，在坚守过去传统的同时，这里也在将全新的形态融入过去，造就着全新的相框。

3. 和利润相比，更追求价值

F.G. 康泽恩在德国国内也是非常出名的企业，只要是热爱艺术之人都能做好这份工作，秉持着这样开放的心态，公司雇佣了许多听觉残障人士，公司看到了他们独有的专长，并懂得善加利用，可谓是一家践行社会责任的楷模企业。

4. 热爱艺术

弗里德里希老板会去拜访画家，了解他们的作品，并从这些作品中收获灵感、设计相框，和竞争以及利润相比，他真正地热爱并试图理解艺术，努力与艺术实现沟通与共存，也正因为此，只要艺术永存，这里也会永存下去。

店铺信息

地　址	Benrather Straβe 8, 40213 Düsseldorf, Germany
官网主页	www.conzen.de
电　话	+49-211-86-68-10
营业时间	周一至周三 10:00-18:30 周四至周五 10:00-19:00 周六10:00-16:00（周日休店）

复原历史的价值

比利时古董专卖店

考斯特门斯

“对我们而言，古董比钻石更珍贵，因为岁月是无法用金钱购买的。”

——考斯特门斯第六任老板阿尔诺·考斯特门斯

Costermans SPRL

MAISON FONDÉE EN 1839

1839 年创立的古董专卖店考斯特门斯

比利时首都布鲁塞尔是比利时的经济之都和欧洲的文化中心。位于布鲁塞尔市中心的广场布鲁塞尔大广场是来访布鲁塞尔的游客们首选的名胜，这里被称为“世界上最美丽的广场”，也已经被联合国教科文组织选定为世界文化遗产。环视伫立在广场四周的建筑物，也能感受到比利时的历史痕迹。

从市政府到议会大厦、王室之家等所有广场内的建筑物，都是 14 世纪到 18 世纪之间建造的。建筑时期各有不同，建筑风格也丰富多样，这表明过去在奥地利、法国、荷兰等国的统治下，欧洲文化多样性并存在比利时的历史中。这些建筑物可以说是比利时的骄傲，虽然这些建筑多半是在比利分裂时建成，但建筑的历史却让比利时国民紧紧地团结在了一起。

从布鲁塞尔大广场驱车大约 10 分钟，就到了比利时颇具代表性的古董街“大萨布隆”（Grand Sablon）。从 19 世纪发展至今，这里汇聚着古董商店和古代美术品画廊，其中考斯特门斯（Costermans）就是一家在这条街道坚守了173年的古董专卖店。它在布鲁塞尔以悠久的历史闻名，这个充满幻想的地方就如同时间机器带我们飞到了过去。

古董融入日常生活的家族

考斯特门斯于1839年创立，创立者为铁器工艺家哥哥路易·考斯特门斯和古董爱好者弟弟让·考斯特门斯。这对兄弟在这栋楼里开办了铁工坊，生产铁制产品。这里至今还保留着1839年考斯特门斯兄弟所发明的暖炉，当时他们的这项发明还曾获得专利，有着超高的人气。暖炉不仅销售到法国和奥地利，还远销整个欧洲。可是进入20世纪，随着中央供暖以及暖气片的发展，人们对暖炉的需求越来越少，在需求减少之前，他们就停止了暖炉的生产，开始集中心思在古董行业上发展。

包括暖炉在内，考斯特门斯兄弟收藏了煤油灯、指针式手表等在产业化大潮中逐渐消失的生活用品，并用自己的工艺技术修复着破损的物品。他们的这种技艺成为了家族的遗产，并一直延续到了第六代。在店铺楼上有一间特别的展示大厅，是考斯特门斯家族世代居住的地方，粉红色的华丽墙纸给人留下了深刻的印象。墙纸是18世纪60年代从中国引进的彩纸，上面是法国艺术家们的精美绘画。这其中还有着一段特别的故事，曾是美国第一夫人的杰奎琳·肯尼迪到这里参访，想要购买此墙纸用来装饰白宫。但是却被他们拒绝了，原因非常的简单，因为“它是我们家庭的一部分”。

即便总统夫人相求也断然拒绝出售的粉红色墙纸

虽然这里是一家人生活的地方，但仍然对所有来访店里的客人开放。不过这里的展示品都有一个特征，那就是它们都贴有红色的标签，这表示展示品概不出售。对考斯特门斯家族而言，作为一家人的回忆，店里的这些古董是至上的宝物。而对现在负责店里生意的阿尔诺老板而言，古董不仅象征着自己的人生，也象征着祖辈的人生。因此，存放在这里的所有物品概不出售，能够这样珍藏着，对他而言就是莫大的荣幸。

饱含历史的宝物仓库

根据历史性和稀有性的不同，古董的价值也会千差万别。考斯特门斯不仅闻名于比利时，在全世界古董爱好者的圈子里，也以其所展示的丰富多样的产品而闻名。

展示大厅共由四个房间组成，每间房都摆满了古董。第一间展示室里有各个时代的作品，从相框、暖炉，再到枝形吊灯、家具和碗盘等。这里出售着从 15 世纪到 19 世纪在欧洲各国制作的生活用品。19 世纪使用的烛台是用黄铜制作而成，充满了古色古香的感觉，也是一件充满了工匠技艺的作品。

在灯光昏黄的另一间房里，展示着使用到 18 世纪的煤油灯。

18 世纪末制作而成的意大利煤油灯

这盏大约制作于 1780 年的意大利煤油灯来自罗马，上面刻有各种颜色的纹样。而吸引了远道而来的爱尔兰客人目光的，是一件 18 世纪在意大利用大理石所制作的装饰品。阿尔诺老板一边介绍着商品的各种情况，一边在商讨价钱。

这里出售的物品全都是考斯特门斯家族亲自从世界各国收藏回来的传承了六代的古董，每一件展品都饱含着本身所浸润的岁月感以及古董店悠久的历史。因此，阿尔诺老板心中充满自豪感和责任感。想要守住传承已久的店铺绝非易事，因为在珍藏传统的同时，还要守住店铺，并使店铺不断向前发展。

到了每周周末，大萨布隆街就会开放古董市场。在这座 60 年前就开业的市场中，大家会交易一些自己曾使用过的物品或是收藏的年代久远的物品。尊重古老物品的价值观，深深地扎根于比利时国民的心中。对于他们而言，古董并不是老旧得用不了的东西，而是能让人回想起祖父母和曾祖父母的珍贵记忆的东西。

在这座市场里，还能轻松找到 17 世纪初制作的布鲁塞尔地图，充满了历史意义。不过对一般人而言，光听别人介绍是很难辨别古董真伪的。因此这里还同时展示了 17 世纪初制作的鉴定书，对制作时期和制作人予以证明的保证书也成为了评判古董价值的标准。

古董的鉴定是只有国家认定的鉴定企业才能进行的。考斯特门斯从 62 年前开始，就成为了隶属于布鲁塞尔工商业联合会的古董鉴定企业。店里的鉴定实力闻名遐迩，整个比利时都会有客人特意来此拜访。

现在古董的鉴定全都由第六任老板阿尔诺负责。阿尔诺老板从布鲁塞尔大学念完了美术史硕士专业后，曾在意大利研究古代美术品，积累了丰富的经验和知识。

赋予古董全新的生命

店里每天平均会有十名客人造访，可是他们并不都是来买古董的，也有很多客人是来鉴定的。

而考斯特门斯的招牌业务就是修复毁损的古董。虽然这些陈年的物品积满了岁月的尘埃，但其中却饱含了许许多多的回忆，而经由懂得这些古董价值的人的修复之后，就会再生出更为美丽的样子。古董修复属于保护历史的一部分，这是出于对制作人的尊重，同时也能通过修复完成一幅艺术品。正是这种工作的存在，让经历了光阴荏苒的古董保存下来。

古董的修复是在店铺后面的工坊完成的，有两位修复专家在这里工作，他们是第五任老板即阿尔诺老板的父亲以及工匠伊万。在古董修复之前，两个人会先梳理要做的工作，从整体上恢复古董的光泽，并添加遗漏的配件。

古董修复工作的核心是将修复的痕迹减少到最小，重现产品出厂时的样子。这项工作首先需要一件件观察研究器物，了解其中解体、损坏或残缺的部分。螺丝也全都是手工制作的，如果修复中少了这些东西，修复工作也就更加困难了。因为连一个小小的配件都要再现当初的样子，所以为了进行完美的修复工作，制作器物当时所用的配件是非常必要的。

考斯特门斯除了会制作器物当时的配件之外，还要给器物的新配件做旧，也是就恢复器物原本的风貌。这个工作不是要将配件涂得闪闪亮亮，而是要回复成原本的颜色。

将锈了的配件打磨光滑后，会涂上一层抗氧化涂层。同时不会添加任何新配件。用手工作业的方式复原其本身自带的色泽，同时也要完好无损地保留古董中所沉淀的回忆，像这样完美的修复工作，大约需要两到三周的时间。

即便不是著名艺术家的作品，古董中所蕴含的家族记忆就已经具备保存的价值，这便是考斯持门斯的信念。

将店里的毛毯收掉，打开壁橱，会发现一个秘密储藏室。储藏室位于店铺下方，由狭窄台阶连接，这里就是考斯特门斯的配件仓库。从装饰壁炉上方的雕像到一串钥匙链，仓库里存放着从15 世纪到 19 世纪使用的数千个配件，这些也都是考斯特门斯家族 173 年来收藏的。当要修复的古董配件有损坏时，店里就会用这些配件补齐损坏的部分，将其修复原貌。直到现在，第五任老板依然很珍重这些物品，收藏品能够如此丰富，多亏了每一代人所做出的贡献。

连一枚螺丝都要使用当时的配件，这是必备条件

填补历史的一部分

考斯特门斯复原古董的技艺并没有止步于对古董的修复，他们保留了超越时代的历史价值。这里之所以能够成为代表比利时甚至享誉全欧洲的顶级古董专卖店，就是因为他们有着一颗理解艺术、尊重历史的心，而这其中包含着整整六代人 173 年来的努力和使命感。考斯特门斯能够跨越世纪而存在，是因为他们的经营哲学不只重视短期的利润，而是将眼光放得更为长远，重视历史发展的潮流。

阿尔诺老板和铁器工艺家史蒂夫一起来到了隶属于比利时王室庭院的剧场。直到 19 世纪，每到周末这里都要举办音乐会，现在由于建筑物年久失修，早已失去了当年的功能。考斯特门斯从今年年初开始修复这里，尝试恢复它原来的功能，让大家能够像从前一样在这里欣赏音乐。

店铺从 30 多年前就开始修复和铁器工艺相关的比利时文化

遗产。

环绕着比利时王室庭院的长达 2 千米的铁门也是考斯特门斯修复的作品。历史悠久的老古董店的修复技艺获得了国家的认可。正是因为有这种从先辈那里传承下来的技术，才能够满足复原布鲁塞尔重要历史遗迹的要求。阿尔诺老板在将这门技艺用于公共事业时，感受到了其意义所在。

比利时不仅发掘修复本国的历史性建筑，同时它还持续发掘修复蕴含欧洲艺术和历史的古老建筑。不同城市专家组成的文化遗产研究小组甚至会走访一些私人所有的房屋，确认建筑图纸，甄选出意义非凡的建筑物。如果在这个过程中被选为纪念性建筑物，就会获得政府的修复补助金，少则 40%，多则 80%。

修复工作不仅保留下以事件为中心的历史，同时还包含了建筑艺术史，使未来一代人不仅能够通过这些文化遗产了解前辈的建筑艺术，同时还能理解现在都市的建筑艺术。

从店铺所在的大萨布隆驱车 10 分钟，就是考斯特门斯的另一家工坊。1905 年，考斯特门斯的第三任老板开设了这家工坊，并负责这里的铁器工艺产品的修复工作。由考斯特门斯负责的、隶属于比利时王室庭院文化遗产的文物也是在这里进行修复的。在文化遗产的修复工作中，有一条必须要遵守的原则，那就是修复的地方不能看上去像是在模仿古物。对全新制作的部分或是状态尚可以继续使用的部分，不做任何改动，只是将完全破损的地方换成新的。

被修复的建筑或物品上一定要留有修复的痕迹，这是 1964

第六任老板阿尔诺·考斯特门斯

年为了保护纪念物和历史遗迹，世界技师们齐聚一堂协商的《威尼斯宪章》的原则之一。其要义就是新的必须看上去是新的，为的是让未来一代人能够看出来这是修复的部分。

在文化遗产的修复上，既不能随意判断损伤的部分进行修理，也不能在毫无依据的条件下，将原来的材料和其他材料混合使用，考斯特门斯忠实地遵循着这一原则。修复时首先借助高压空气喷射机，去除疑似破损部位的锈迹，之后再来判断是否要进行修复。状态良好的部分会上一层涂料和涂层，之后再进行使用，而对于遗失的部分或者因为太过老旧需要换新的部分，则会使用相同的材料做成原来的形态。

像这样仔细观察王室庭院铁门每一个破损的配件直至修复好，足足花费了两年的时间。今年年初开始进行的剧场修复工作刚刚起步，总共需要修复 50 个拱门。

虽然这份工作需要耗费漫长的时间和精力，但因为能够借助店里多年积累的技艺来填补比利时历史的部分空缺，考斯特门斯备感骄傲。阿尔诺老板表示这些遗迹曾经非常美丽，如今却残缺不堪，能够重新赋予建筑生命力，他感到由衷的开心。

“真希望下一代人能够像我们这样，继续在这老旧的工厂里修复文化遗产。”

热爱着古老物件的人

多年的熟客洛杰勒找上门来，他在家里发现了一个老旧的茶壶，想要听听专家的意见。阿尔诺老板表示得在书里找找，但它看起来应该是18世纪末的东西。从螺旋形的形状来看，估计是“蒙斯”地区制作的，他在书中找到了蒙斯地区器皿的形状，并展示给对方看。和修复工作一样，鉴定也不是靠推测，而是以明确的依据为基础来实现的。阿尔诺老板评价说茶壶保存得相当完好、样式不错、尺寸也适宜。因此，他判断其价值应该在8000到10000欧元之间。

正是因为有这些热爱古老物件的顾客，才会有考斯特门斯的存在。洛杰勒家族和考斯特门斯的关系历史，就如这家店一般悠久。洛杰勒的父亲和祖父一直信任阿尔诺老板的父亲和祖父，交易在持续。能够从信任的专家那里收获专业性的建议和鉴定，而且店家也不会催着你将东西卖出去，这就是顾客祖祖辈辈都登门拜访的原因。

鉴定结束之后，考斯特门斯会用照片记录古董的大小和颜色

具有公信力的考斯特门斯的鉴定书

等信息，在制作古董鉴定书的同时，还会写上文献的出处和鉴定价格。考斯特门斯的鉴定书不仅在交易时派得上用场，在财产分割时也是重要资料。如果为古董做了商业保险，即便遭遇盗窃，也能凭借这份鉴定书获得相应金额的赔偿，也就是说鉴定书为古董赋予了合法且重要的价值。

古董超越了历史，不断散发着光芒。让这些老旧物件不断发光发热的真正的力量，源自于那些不忘记尊重传统的人们。洛杰勒也如自己的祖辈一般，试图将这份对古董的热情和对过去的喜爱传给自己的孩子们。

“过去是构成了整个人生的一部分，因为人们是通过过去描绘未来的。”

通过过去描绘未来的比利时人的信赖巩固了考斯特门斯的历史。委托店里修复 300 多年前家族使用的橱柜的客人，看到修复完好的橱柜时，会增加对这家传统悠久的古董店的信赖。

为了坚守比利时的历史以及比利时人的回忆，这家店传承了173 年。阿尔诺老板虽然看似拥有这里所有的宝物，但准确来说并不是这样，他认为他只是暂时保管而已。

“我们只是证人而已，我们努力将这些宝物传承给后代，这里的存在并不是为了获得这些财产，而是为了传承历史。”

这里的工作已经超越了单纯修复年久失色的物品的意义，向后代转述岁月长河中被遗忘的故事才是他们的使命。而正是因为对这些故事感兴趣的人源源不断地出现，直到现如今，古董专卖店考斯特门斯也依然在传承这些故事。正是这些珍惜历史的社会和人，才支撑考斯特门斯度过如此漫长的时间。同样，正是因为有像考斯特门斯这般拥有使命感并试图坚守传统的店铺，比利时才能怀揣着历史变得更加厚重。

1. 世代相传珍贵古董

考斯特门斯家族传承了六代，出售着整个家族从世界各国收藏回来的古董。在爱好家的圈子里，它以展示丰富多样的产品而闻名。这里汇聚着从 15 世纪到 19 世纪欧洲制作的所有生活用品，每一件古董上都浸润着悠久的岁月和店铺的历史。

2. 连一个小小的配件都要恢复时代的风味

这里不仅出售，还通过修复来复原古董，就连一个小小的配件，都会使用产品制造当时的物件，进而打造出物品原有的风格。正是因为考斯特门斯家族传承了六代，不断努力收藏着丰富多样的古董和配件，才能使家族记忆的传承成为可能。

3. 用传承六代的技术修复国家文化遗产

比利时不仅发掘古董，同时还在持续不断地发掘国家的历史性建筑和蕴含欧洲艺术史的建筑，并大力复原。考斯特门斯跨越了修复古董的领域，开始负责国家文化遗产的复原，作为传承比利时文化历史的店铺复原着布鲁塞尔。

4. 用历史和实力使顾客信赖

阿尔诺老板获得了美术史硕士学位，并曾在意大利研究古代美术品，积累了丰富的经验和知识，现在他正从事着鉴定师的工作，正是因为在这里不仅可以从专家那里收获专业性的意见和鉴定，而且还不会催着你出售物品，所以顾客才会信赖这里，登门拜访。

店铺信息

地　址	Grand Sablon 5, 1000 Brussels, Belgium
官网主页	www.costermans-antiques.com
电　话	+32-2-512-21-33
营业时间	周一至周五10:00-18:00

敲打传统

土耳其制铜工艺名店

卡斯兰·巴克兹乐克

“只要我的手还能动就不会放下锤子，这是制铜工匠的义务。”

——卡斯兰·巴克兹乐克第五任老板穆拉·卡斯兰

这家位于土耳其首都伊斯坦布尔埃米诺努广场的餐厅是伊斯坦布尔屈指可数的一流餐饮店，而这里的招牌菜就是土耳其的传统食物土耳其烤肉。

土耳其烤肉是一种融入了土耳其人几个世纪以来传统的食物，珍贵的食物会盛放在珍贵的器皿中，这些雕刻有华丽花纹的铜制器皿已经沿用了 40 到 50 年。这些器皿承载着土耳其悠久的历史，与艺术共存的是土耳其人的生活以及土耳其的历史和幸福。

为了守住这一灿烂的文化遗产，直到今天，还有不少人继承着先辈的教诲，用数千次的敲打创造着艺术。

这家用平凡无奇的工具创造出艺术的殿堂就是传承了 150 多年之久的铜制工艺名店卡斯兰·巴克兹乐克（Kasilan Bakircilik）。这里的工匠用耀眼的铜制工艺技术唤醒了土耳其民族的自豪感。铜作为土耳其的天然资源，多年来一直被广泛应用于生活之中，从厨房用品到婚嫁用品等。而土耳其铜制工艺名店卡斯兰·巴克兹乐克秉持着先辈的教诲和工匠精神，传承着传统的命脉。

成为传家宝的器皿

土耳其东南部规模最大的城市加济安泰普位于古丝绸之路经过的路口，是中世纪的贸易中心。因此，这里保留了丰富多样的文明遗迹，公元前 14 世纪赫梯时代就开始发展的铁器文化成为这座城市的象征。市区的巴克乐市场在土耳其语中就代表制铜工艺市场，该市场形成于 16 世纪，伊斯兰文化的神秘气氛让这里充满了魅力。这里出售的产品做工精细，因此，该市场闻名

在加济安泰普各地都留有丰富多样的铁器文化痕迹

遐迩。

一个穿着独特的男人大声吆喝着，穿梭在市场的小巷之间，他就是当街卖茶的商贩。和茶的味道相比，更吸引人注意的是他所带的工具，从铜制的杯垫到巨大的水桶，都是一些罕见的物件。散发着闪闪金光的铜制水桶已经用了5年之久。他说："我是在一个名叫穆拉的店里买的，那里的产品质量很不错，一般都能用20年左右。"

正如卖茶商贩所言，在这个制造出的产品能够使用数十年的地方，卡斯兰·巴克兹乐克名气颇大，店门口挤满了顾客。

这家店不仅在市场里是历史最悠久的，在整座城市里它也是历史最为久远的。从150多年前开始，这里就一直出售厨房需要的用品。可是顾客并不仅仅认同这里的厨房用品，他们还认可这里制作的铜制器皿，这些铜器做菜的时候会让饭菜更美味，成为加济安泰普的特产。

土耳其的女人甚至会将铜制器皿传给女儿和儿媳妇使用，卡斯兰·巴克兹乐克的器皿犹如传家宝。作为这家器皿店的店主，第五任经营者穆拉·卡斯兰比任何人都要自豪。他向我们展示了销量最好的平底锅，这种小平底锅可用于煎鸡蛋，也是每天土耳其人必用的厨具。虽然看起来简单平凡，但这其中却包含了卡斯

手工制作的平底锅

兰·巴克兹乐克独有的技术，它完全是靠手工敲打而成的产品。

工匠的锤子继续敲着

细致雕刻的花纹近似于装饰品。人们很难相信，这些耀眼无比的器皿全都是由手工制作而成的。在店铺外小巷里的工坊中，给罐子加顶盖的焊接工作正在进行。所有的产品都出自于在这里工作的 6 位工匠的手中，他们全都有工匠认证书，这是可以向他人传授技术的证明。

在一般的店铺，工匠认证书只是用来做宣传的，而在这里，证书被挂在了简陋的工坊之中，上面落满了岁月的尘埃，甚至让人难以辨认具体的内容。因为和出售产品相比，如何完美地制作出物品才是更为重要的，所以就没有刻意宣传，穆拉老板认为这些证明是他们必备的。自从 19 世纪 60 年代开店以来，对于与技艺娴熟的技师一起走过的卡斯兰·巴克兹乐克而言，制铜工艺名店的名声就是靠工匠的努力获得的。

店铺里大家忙得热火朝天，工匠照看着烤制土耳其烤肉的火炉的通风口。在这个制作厨房用具的地方，除了器皿之外的生活用品，全都是由拥有 37 年工作资历的工匠麦赫梅特完成的，他负责的是设计工作。麦赫梅特也和其他工匠一样，从未系统学习过设计，只不过他从 6 岁就开始在店里玩耍，趴在工匠们的肩头熟悉了这门技艺，他的手艺在整个市场里可算是最棒的。

他从很小的时候就可以制作出各式各样的花纹，不需要任何的绘画、纸张和照片，所有的一切都是在脑子里完成的。

铜制工艺的诀窍完全都是通过经验获得的。设计好的图案会交由工坊里的其他工匠手工打造。拥有 50 年资历的梅米克会用锤子敲打铜板从而雕刻出花纹，他需要用圆形的花纹填满图案和文字之间的空隙。虽然到今年他已经工作了 50 年，但他却说拿起锤子的每一刻他都非常的紧张。如果一时失手，弄坏了哪怕只有一个部分，之前所做的一切都要报废掉，绘图、切割和敲打工作就都沦为一场空，最终还是要从头开始做。

耗费大半辈子的时间，在这个空间里与喧闹的锤子声相伴的人们，称呼自己为锤子艺术家。因为已经连续听了数十年的锤子声，也容易患上职业病，梅米克就只有左耳能听到声音。在这里工作了 37 年的工匠史利普·卡斯兰也是一样的辛苦，他说当自己拖着疲惫的身子回到家中准备入睡时，右耳还是能够听到嘭嘭的锤子声。

但他说自己并不讨厌这个声音，现在已经习惯了，甚至听来像是催眠曲一般。在不工作的时候，锤子声也犹如伙伴一样24小时追随着自己。

为土耳其烤肉餐厅通风口设计的图案

在市场商贩关门的这一刻，卡斯兰·巴克兹乐克的工作依然没有结束。因为他们需要将白天制作好的通风机组装起来，如此制作的通风机不仅会在土耳其销售，还会在欧洲各地寻找它的新主人。

卡斯兰·巴克兹乐克是最早开门、最晚关门的店铺。穆拉老板和工匠们今天也是在过了晚饭时间才下班的。每当下班时间比较晚时，穆拉老板都会安排大家一起吃晚饭，他和员工们一起来到了一家制作土耳其烤肉的“阿力夫·贝伊”餐厅。从5年前开始，这里就在使用卡斯兰·巴克兹乐克制作的通风机，老板阿力夫·梅勒克对通风机相当满意，甚至为使用卡斯兰·巴克兹乐克这样名店的产品感到骄傲。因为能够传承超过100年，并在艺术性上做到出色的店铺是不多见的。这里的产品销售到土耳其及欧洲，扩大了加济安泰普的声誉和影响，让穆拉老板非常的自豪，他也相信这对加济安泰普和土耳其的名望来说是一件非常好的事情。

一边吃饭，穆拉老板还不忘对员工们说一些感谢的话：

“大家明天还要辛苦。多亏了大家，店铺才能经营得这么好，

数百种形状各不相同的模型把圆板变成了完美的器皿形状

请大家吃得开心点，今天这顿饭也是为了向大家表示感谢。”

99.9% 的铜

穆拉老板的弟弟穆斯雷・卡斯兰不仅负责制作，还负责原材料的采买，他会随时去制铜工厂。铜是决定了产品质量的核心材料，购买到没有掺入任何杂质的天然铜是卡斯兰・巴克兹乐克的重要工作。为了优质的商品，纯度为 100% 的铜是必备的，只不过 0.01% 的误差是可能存在的，所以这里铜的成分是 99.9%。

为了优质的商品，卡斯兰・巴克兹乐克一直努力获得更高品质的铜，对于他们来说，这是再自然不过的事情。纯度为 100% 的铜的价格昂贵，但如果不使用纯度为 100% 的铜，出品质量就无法保障，产品的销量就不会好，他们肩上的责任感要求他们制作出完美的产品。

原封不动地浸润着工匠手艺的花纹工艺

卡斯兰·巴克兹乐克会根据杯子、碟子、小锅等产品的尺寸，在铜工厂购入各式各样切割成圆形的铜板。现在几乎所有的店铺都不用原始铜板了，因为提供器皿形状的半成品越来越多，而卡斯兰·巴克兹乐克依然使用原材料，可以看出他坚守传统工艺的执着用心。

当圆形的铜板运到店里后，制作工作就会立刻开始。首先就是要将圆形的铜板制作成平底锅基本的形态，就是用制作模型将圆形的铜板制作成完美的器皿形状，再插在快速旋转的旋转机上，用小棒打磨出形状。虽然稍微借助了一点机器的力量，但对器皿的打磨完全是要靠手工完成的。

大小和形状各不相同的制作模具，是卡斯兰·巴克兹乐克150多年来制造出数百种铜制工艺品的镇店之物，有些模型已有150年的历史。这些模具是用核桃木制作而成的，虽然过去都用这种材质，但现在已经换成铁质的了。

卡斯兰·巴克兹乐克精细的传统工艺是铜制工艺的命脉。一件产品在制作完成之前，经历的所有制作过程都融入了他们这份努力，完成了定型的器皿就要开始准备重生成为一件艺术品了。

独创的花纹艺术

铁制的刻刀和锤子是拥有 40 年资历的工匠仅用的两样工具，他们能像铅笔画画般轻松快速地雕刻出各种花纹。装饰一个小小的茶杯所需的时间只有 30 分钟，器皿上雕刻的花纹原封不动地保留着工匠们经历的平凡的岁月。

对于拥有 40 年资历的赛塔·达奥乌鲁来说，这无数的花纹就如同记录在电脑中一般，从未离开过他的脑海。他说：“只有到死的时候才能忘了吧。”在他身上我们感受到了 40 年岁月给予他的力量。历经多年的岁月，器皿的花纹已经和他融为一体，成为了难以割舍的一部分。

花纹决定着整个铜制工艺品的品质。制作一个盘子要一个月时间完成，价格换算成韩币大约为 40 万元，这相当于土耳其工匠平均月薪的三分之一。这些传统花纹是 13 世纪末从奥斯曼帝国流传到土耳其的。这些只能手工完成的精巧的艺术，并不是靠专业教育流传下来的，而是靠祖辈们的教诲传承下来的技术。

在过去，铜使用得并不是很多。因此，人们会用锤子在石头、玻璃或教会的建筑物上雕刻奥斯曼帝国的花纹。看着这些花

历经一个月完成的盘子的花纹

纹长大的工匠，仿照学习并传承了下来，开始在铜版上雕刻这些花纹。

从杯子到碟子、小锅等，根据不同种类的用品，当大小不同的圆形铜板插在尺寸相符的各个模型上的那一刻，它就收获了全新的生命。那些比任何华丽的宝石都要雕刻得精巧的花纹，绝对足够俘获人们的视线。这里的工匠就是艺术家，他们制造出了艺术品。在自己的岗位上，保持着铜制工艺工匠的自豪感，将祖辈们的传统方式传承了150年之久，这便是卡斯兰·巴克兹乐克的竞争力。

等到花纹制作完成，会用大火烧烤铜版的表面，这是为了让铜变得更加柔软。像通风机这样需要组装完成的产品，是要将铜变软后再制作的。最后再抹上防止铜变黑的防腐蚀溶液，制作通风机的准备工作就都完成了。如果不抹这种溶液，铜器很快就会变黑。卡斯兰·巴克兹乐克的铜制工艺品的美丽，不亚于任何一件艺术品。这些充满独创性而又奢华无比的铜器中，饱含着工匠的艺术造诣和土耳其的文化传统。

这件共历经 4 天由工匠们合作制作而成的作品完成了，如果是一般的店铺，10 天都不够用。

销售的产品终生保修

卡斯兰·巴克兹乐克在传统中获取着祖先的智慧。熟客帕里托·托伦来到了工坊，为的是让店里帮忙修理两年前购买的平底锅。他在过去的 35 年里是这里的忠实顾客，就是因为这里有一群优秀的工匠在制作真正的产品，他认为这些人才是真正的艺术家。

卡斯兰·巴克兹乐克的产品里，并没有规定维修的有效期限。就算是使用了 100 年的产品，也可以进行维修。为了一探究竟，我们在修理生锈部分的工坊，看到了非常惊奇的场面。只不过是用布揉搓了几下而已，器皿的颜色一下子就从红色变成了银色，这项技术中的秘密到底是什么呢？接过平底锅的工匠，首先将一种不知名的液体倒入锅中，之后放在火上加热。工匠解释说在器皿中放入酸性溶液加热，就能去除容器表面所附着的杂质。很快他又在容器上撒上石灰粉，用以中和酸性。

现在就要正式开始修缮了。工匠取出的银色棍子是锡质的，这是一种可以防止铜腐蚀的金属。将锡融化在加热得滚烫的平底锅内，用棉花擦拭揉搓，锈得发黑的部分就会附着上一层银色的锡，这个过程用我们的话来说就是着色、染色，而在土耳其语中则称之为“卡拉伊兹”。结束了卡拉伊兹的平底锅，会转手交到另一位员工的手中。像这样给器皿加上光泽的工作，是店里提供的免费服务，如此一来用了两年的平底锅就会焕然一新。

为了修理平底锅而将其表面烤热的工序

这里不仅在制作出售优质的物品，同时还会提供免费的维修服务，人们一旦在这里买过一次器皿，就能在数十年间世代相传地使用下去。

在如今的时代，人们常买常扔，更新换代的速度异常之快。与其制作新的让人们更换，这里更愿帮助人们长久使用这些物品，这种对消费者的关怀，以及珍惜物品的精神使我们赞叹。

为了铜制工艺的未来

为铜制工艺未来考虑的穆拉老板更与众不同，他想将土耳其历史悠久的制铜工艺打造成超越加济安泰普的特产的、足以代表土耳其的高级文化商品。为了振兴制铜工艺传统，制铜工艺协会准备了很多项目，为制铜业描绘了美丽的蓝图。

星期六的早上，穆拉老板在上班之前先去市区转了转。他来到了加济安泰普的制铜工艺协会，在这里肩负重任的穆拉老板最

第五任老板穆拉·卡斯兰

近正和制铜工匠们一起研究振兴整个地区制铜工艺事业的方法。

现在为了创造与制铜工艺相关的就业岗位，制铜工艺协会正在开展招募技师的项目，人们可以通过这个项目报名参与。穆拉老板则借此挑选员工，他们计划招募50人，并从中挑选六七人，他们要挑选手工工匠继承人，之后再对他们进行培训，以便让他们可以到合作工坊或私人工坊工作。

随着自动化和批量生产的发展，市面上推出了各种各样的材料所制作而成的器皿，铜制器皿市场也越发萧条，如今就连工匠也不再将手艺传承给自己的孩子了。卡斯兰·巴克兹乐克也还没有固定的继承人，因此，他们正在寻求可以让工匠们传承制铜工艺历史的方法。

为了坚守传统，宣扬土耳其文化，制铜工艺名店的老板穆拉·卡斯兰一直坚持不懈地努力，而这家店铺本身就是活生生的土耳其文化。

穆拉·卡斯兰每周六都会向其他地区供应大量的茶壶。每周需要送去200个，一个月就是1000个。这些茶壶会被用在伊斯坦布尔的高级餐厅和酒店。作为超越加济安泰普特产且足以代表土耳其的高级文化商品，穆拉老板正为振兴逐渐萧条的传统制铜

排布细密的圆形印迹，正是传承了数百年的铜制器皿最基本的花纹

工艺寻找着全新的发展道路。他打算日后到更大更繁华的地方去销售，他也在一直努力制作高级产品，他还计划将产品销售到酒店、餐厅、宫廷等地方。

如今照常开门的制铜工艺市场，依然以500年前第一次开门营业时的样子迎接着顾客。卡斯兰·巴克兹乐克比任何人都更早地做好了开门营业的准备，工坊中响起的锤子声，轻快地唤醒了市场的早晨。

取出锤子的穆拉老板敲打起了平底锅。敲打平底锅的工序，是完成铜制器皿花纹的必备过程。这道工序也起着增加产品强度的作用，因为铜是越敲打越结实。平底锅淬火过程也是需要娴熟的技术的，锤子的敲打的部位越细密，需要敲打的次数就越多，这项工作相当耗费体力。

但是穆拉老板斩钉截铁地说，如果用了机器，就没法做出珍贵的物品了。虽然其他店里都是用机器制作的，但我们不能抛弃用锤子制作的信念。

“我们要比机器更好，因为我们能够完成机器所做不了的工作。”

作为为数不多的铜制工艺工匠中的一员，穆拉老板曾经经历了很多。

“日后我将作为所有人的兄长，把这份铜制工艺技术传承下去，而且我也会努力让卡斯兰·巴克兹乐克得到更好的发展。”

在祖辈的教诲之下传承了150年的传统敲打，日后也会永不停歇。

1. 传承传统命脉

卡斯兰·巴克兹乐克用平凡无奇的工具和祖辈们所教导的传统技艺，传承着土耳其制铜工艺的命脉，这正是他们的产品跨越世纪仍然备受人们喜爱的原因。

2. 在工匠指尖完成的 100% 手工制作工序

从开始制作到刻上花纹，数十年来一直制作铜制工艺品的工匠们，在没有草图的前提下，仅用一根锋利的铁针就创造出了华丽的铜制工艺品，在用机器无法制作出这些产品的情况下，他们坚持着手工制作。

3. 纯度极高的原材料

卡斯兰·巴克兹乐克的铜制器皿，是采用不掺杂任何杂质且纯度高达 100% 的铜制作而成的。虽然原材料的价格比较高，但为了不辜负人们的期待、坚守老店铺的名声、制作出完美的产品，他们一直都在寻找着顶级的铜。

4. 为了振兴制铜工艺传统而做出的努力

为了让制铜工艺能够世代相传下去，穆拉老板创办了教授制铜工艺技术的学校，并开展制铜工艺相关就业岗位的项目。他的这种为了培养继承人和传承制铜工艺传统的努力，会让这里更加长久地生存下去。

店 铺 信 息

地　址　Boyacı Mah, Bakırcılar Çarşısı Pir Sefa Sok, No:21 D:32 Tabakhane, Şahinbey, Gaziantep, Istanbul, Turkey

电　话　+90-342-231-45-37

划破历史的水纹

意大利贡多拉造船厂

多米尼科·查蒙蒂纳

“持续不断地想要工作的欲望便是我们的历史得以延续的原动力，我会竭尽全力、永不停歇手中这份工作。”

——多米尼科·查蒙蒂纳第四任老板罗伯特·查蒙蒂纳

象征着威尼斯历史的贡多拉

威尼斯这座城市流淌着千年的历史，它的周围分布着大大小小118个岛屿，分别由400多座桥梁相连接，这里被称为“水城”。这里有三种交通工具，名叫“瓦波雷托”的小船是一种类似小型游船的水上巴士，有船顶遮挡，其中还配有相当多的座位。另一种是比水上巴士小一些、只能乘坐少数人员的水上出租，水上巴士和水上出租在威尼斯大一点的水道航行。第三种船就是“贡多拉”了，这是一种长约10米、宽约1.5米的漂亮木质小船，上面还有一些古色古香的装饰，前后尖尖的，整个看上去就像是月牙一般。贡多拉也是象征着威尼斯历史的小船。

由船夫摇橹航行的贡多拉，是威尼斯从11世纪就开始使用的具有代表性的交通工具。可是随着马达驱动的水上巴士和水上出租的普及，现在贡多拉只用于搭载游客游览。

威尼斯以大水道为中心，四处的水道小巷犹如迷宫一般延展开来，而这些小水道只有贡多拉可以通过。提起威尼斯最著名的就是大水道和圣马可教堂，但这并不是威尼斯的全部。威尼斯的船夫们都说，唯有这小小的水道才是真正的威尼斯，而且这些小水道只有乘坐贡多拉才能窥见一二。

原封不动地保留着中世纪风情的民宅在岸上绵延不断，经过每一处狭窄的水道时，贡多拉都向我们展示着这座城市的浪漫。沿着水道前行，就来到了深藏在一条小巷里的多米尼科·查蒙蒂纳（Domenico Tramontin），这是一个整齐摆放着长长船只的工坊。在意大利语中，这里就是被称为“斯库埃鲁”的贡多拉造船厂。威尼斯共有 5 个“斯库埃鲁”，其中多米尼科·查蒙蒂纳是唯一一家用传统手工方式制作贡多拉的造船厂。在过去的 128 年中它一直没有离开威尼斯的水道。

传统方式是最优选择

和威尼斯的水道的历史一样悠久的是在意大利造船业历史中的贡多拉名厂多米尼科·查蒙蒂纳，自 1884 年创业以来，它已经制造了超过 3000 艘贡多拉。

他们制作的贡多拉饱含家族的荣耀。从曾祖父开始传承的船厂现在由第四代传承人罗伯特负责。为了制作完美的贡多拉，他不分昼夜地工作着。和拥有数十名员工的其他造船厂不同，多米尼科·查蒙蒂纳的员工只有 4 个人，店里的第四任老板罗伯特自豪地表示，仅凭目前的 4 个员工，就能做出最棒的贡多拉。因为船只的所有设计图都在他的脑海之中。

以拥有 128 年历史为荣的多米尼科·查蒙蒂纳造船厂

工坊里存放着将贡多拉缩小到十分之一大小的模型，这是多米尼科·查蒙蒂纳创业之初制作好的贡多拉原型。其他造船厂的贡多拉形状稍微做出了些改变，但罗伯特却坚持制作形状始终如一的贡多拉。因为在他看来，这是最美的形态，也到达了最高的水准，完全不需要再做任何的改变。

船厂的外墙堆砌着许多木材，制作一艘贡多拉，多米尼科·查蒙蒂纳共需要使用 8 种木材，每一种木材的特征都大不相同。橡木比较的结实，所以会用于制作船的侧面和甲板，而榆木具有弹性，用作贡多拉的骨架，起到延缓冲击的作用。

多米尼科·查蒙蒂纳不会使用新采购回来的木材，而是会先在自然环境下进行干燥，短则一年，长则五年。如果使用含有水分的木材，船造好后会干燥开裂，发生漏水事故。

根据用处的不同，经过干燥的木材会经历打磨的过程。在为

缩小后的贡多拉模型

贡多拉船尾木板做出倾斜度的工序中还会用到火。木板在用大火加热的同时需要随时用水浸湿，此时所产生的水蒸气会让坚硬的木材变得柔软，然后使用重力按压下去，木材就会自然而然地形成弧度。除了用火，还有一种方法是用蒸汽，但罗伯特老板表示火水并用的方法更为便利。

船体前面呈现的弧度取决于木板弯折的工序。多米尼科·查蒙蒂纳用于制作船体的280多个木材部件都是用此方法进行加工的。虽然其他船厂会用黏合剂将两块木板粘贴在一起，但如果这样做，就无法形成自然的曲线。正是因为知道传统方式是最为优秀的方法，此船厂才会在100年之后依然坚持使用这种方法。

经过差不多一个小时的加工过程，用作船尾的挡板制作完成，这块木板大约弯折了150度。接下来罗伯特老板用刨子将木片上的棱角打磨光滑，这个刨子已经有80年的历史，罗伯特老板的祖父曾经使用过，作为第四任老板的他依然使用这些世代相传的工具。

造船厂中放满了各种使用多年的工具，见证着船厂所经历的漫长岁月。墙壁上挂着一张照片，是罗伯特老板和他的父亲内迪斯·查蒙蒂纳的照片。曾是第三任老板的内迪斯在7年前以83岁高龄时离开了这个世界，在他去世之前的一天，他还在工作。

拥有80年历史的刨子

为了制作结实的贡多拉所做出的努力

一艘贡多拉的价格平均为35000欧元。船夫们购买一艘贡多拉，最多使用30年。我们在贡多拉船厂遇到了船夫菲拉贝勒，他来到查蒙蒂纳正是为了查看在这里修理的贡多拉的情况。拥有36年资历的船夫菲拉贝勒，几天前委托多米尼科·查蒙蒂纳修理他的贡多拉。18年前菲拉贝勒购买的贡多拉，是罗伯特老板独自一人完成的第一件作品。

对产品细节进行彻底的修理是厂里的制度。因此，船夫们经常会来多米尼科·查蒙蒂纳。

此船厂靠修理所赚取的利润占收入的60%。最近厂里一年仅制作一艘贡多拉，其余大部分时间都是在修理，包括上色、地板修理、一般性的维护工作等。

从掉漆的船面修理工作中，我们就看出上色方法的独特之处。他们使用黑色的环氧树脂填补木材上的窟窿，环氧树脂漆不仅耐气温的变化，而且黏性非常好，可以渗透到木材的纹理之中，起到防止木材腐蚀的作用。

用来缓和贡多拉整体冲击的不锈钢

贡多拉全都是黑色的。1562年威尼斯总督下达了贡多拉必须是黑色的法令，之后所有的贡多拉都只能漆上黑色。法令发布之前，为了将贡多拉装饰得耀眼，工人会漆上金色、银色等，装饰上耗费了太多的费用，从而造成了巨大的浪费。因此，总督才下令禁止对贡多拉进行装饰，所有的贡多拉都制作成黑色的。

木质的贡多拉即便受到外界很小的冲击，也很容易受到损伤。为了解决这个问题，多米尼科·查蒙蒂纳在贡多拉的里外围加了一层不锈钢，以便发生冲撞时起到保护贡多拉船体的作用。不锈钢不会生锈，也不会被海水侵蚀，船体的三分之一都浸在海水中的贡多拉一定要耐腐蚀。

制作贡多拉时所使用的钉子也有锌涂层，可以很好地抵抗海水的侵蚀。所有这一切都是为了制作出优质贡多拉，多米尼科·

查蒙蒂纳所做出的努力涵盖在每一个配件中。

想要成为最棒的就要教导别人

1884年开始创业并历经四代人制作贡多拉的多米尼科·查蒙蒂纳，其家族拥有的制造技术是由儿子从父亲那里继承的。可是现在却没有能够继承造船厂的第五任继承人，罗伯特老板最近下了很大的决心，那就是将家族制作技艺传授给徒弟而非家人。

每天有超过一半的时间都和罗伯特老板一起度过的徒弟安利柯在多米尼科·查蒙蒂纳已经有四年了。和拥有42年工作经验的人一起工作，这本身就是课程，罗伯特老板说：

“这份工作并不是一两个月内可以掌握的。光是理解这份工作我就耗费了24年，我觉得直到今天，我也依然在学习。”

对于想要从事造船业的人来说，多米尼科·查蒙蒂纳算得上是最佳的学习地点。即便没有报酬，负责造船厂杂务的实习生巴提斯塔也于四个月前离开故乡法国，来到了这里。

“在来这里之前，我什么都不懂，但是这里能够接受我，并教会我如何工作，对于我来说太幸运了。”

罗伯特老板表示如果想要传扬某件事情，去教导别人就可以了，只有这样世界才能前进。即便离开这个世界，这个人仿佛还活着。如果只是想保留自己的一些技艺，不想传承给其他人，那么在他身后这些技艺也会随之而去。他相信把独门技艺与他人分享，在他死后这门技艺也能够与世长存。

第四任老板罗伯特·查蒙蒂纳

到了下午五点，结束工作的安利柯回到家，翻开有关船只制作的书籍，投入到学习中。当初他只是喜欢木材相关的工作，没有计划要从事贡多拉的制作工作。但是自从喜欢上了这项工作，经过了四年的努力，他梦想着成为制作贡多拉的工匠。像这样能够自己亲手制作书中所讲到的内容，他觉得非常自豪。他夜以继日地研究船的图纸，一边看一边学习，希望有一天即便闭上眼睛也能做出贡多拉。他对金钱和名誉之类的没有兴趣，只是梦想着依靠自己的力量制作一艘贡多拉船，这是一个 27 岁青年的愿望。

虽然书中图片上的船看上去有点破旧和杂乱，但他的梦想就是造出这样的船。因为这代表着船只被长时间使用，不被使用的船对他来说毫无价值。崭新和完整的船代表着不曾被使用过，日后他所制造的船可以陈旧粗糙，但一定会是备受船夫喜爱、承载着船夫温暖气息的贡多拉。

船夫们认可的船

在意大利，操作贡多拉的船夫被称作“贡多里埃雷”，多米尼科·查蒙蒂纳在制作贡多拉的时候，比任何人都重视贡多里埃雷的建议。

贡多拉左侧的弯曲度和右侧的弯曲度不一样，左侧会比右侧宽大约 24 厘米。这是为了使只用一支橹的贡多拉船夫在摇橹时更加省力。左侧弯曲度更圆的贡多拉，在水面上会朝左侧旋转，此时船夫将橹摇向右侧，让船只沿着直线航行。当贡多拉船夫在船上时，他们必须遵守一条原则，那就是船尾和船首连成的线必须和水平面平行。多米尼科・查蒙蒂纳会根据船夫的体重调整船尾的高度，来找准船的水平，这也是为了船夫和乘客的安全。其他造船厂只会将船只制造成基本型，并不计算船夫的增重。如此一来，当船夫体重增加时，船头就会上扬。

正是因为查蒙蒂纳在制造贡多拉时考量到船夫的便利，所以才会集万千船夫宠爱于一身。这里的每一艘贡多拉都十分独特，是威尼斯的自豪。

“贡多拉船夫认可我们产品的价值。根据我的观察，我们和其他造船厂的价格差异并不大，所以只能靠品质一决胜负。”

不仅只有船夫认可了多米尼科・查蒙蒂纳的技术能力，他们还曾为萨伏依王族提供船只，并获得了其家族纹章。他们娴熟的技艺备受认可，足以向威尼斯的警察供应船只。他们还曾获得威尼斯工商业联合会每两年颁发给最精锐人才的产业革新奖。

每个月安利柯会替罗伯特老板访问交易商，就是距离造船厂十分钟路程的铸造公司“贝利兹”。这里是专门生产贡多拉装饰品的地方。和拥有千年历史的贡多拉一样，装饰品也拥有着多年的传统，99 年来这个地方一直在威尼斯坚守着这份传统。

贝利兹和查蒙蒂纳一样，同属于名为“艾尔佩尔切”协会的会员。作为查蒙蒂纳的合作伙伴，查蒙蒂纳会将顾客送到这里。

在威尼斯贡多拉协会艾尔佩尔切，包括造船厂在内，装饰物铸造工厂、橹制造厂等与贡多拉相关的 26 家产品制造企业都隶属在其中。所有在协会中活动的企业，都有一个共同点，那就是只用手工制作产品。

而在另一条小巷里，坐落着制作贡多拉橹和支撑板的店铺“雷普勒科雷”，这家由拥有 37 年资历的工匠所运营的店铺，也隶属于威尼斯贡多拉协会。老板塞维利奥·帕斯特罗完全信赖查蒙蒂纳公司，若是连这家拥有超过 120 年资历的地方都不相信，还能相信哪里呢？

作为威尼斯的象征，贡多拉就是这样通过相互信赖与帮助的合作企业的力量，按照装饰品、橹、船身等各个领域分门别类，经由工匠之手完成的。

传统与现代的和谐

造船厂迎来了客人，这位在仔细观察着早上采买好的装饰品的男士，是远从加拿大过来购买多米尼科·查蒙蒂纳的船的顾客。他是在四个月前通过网络搜索到多米尼科·查蒙蒂纳的，之后就委托这里开始制作船只了。

这是一种名为“桑德拉”的威尼斯传统船，其作用与贡多拉相仿，他表示打算将此船在加拿大出租使用。桑德拉制作时间漫长、费用昂贵，之所以还要来这里买船，是因为全世界其他地方没有能制作桑德拉的。

守护传统最好的方法就是不断接受挑战，罗伯特老板最近正在准备着迎接全新的挑战，那就是采用可以保护木材免受害虫侵害的居家用防虫剂。

在北欧，有许多木质的房子，使用这种防虫剂可以预防各种虫害的发生。“船上也可以使用吗？”这样的想法虽然其他人都没有想到，但罗伯特老板决定一试。他决定通过这个不平凡的挑战，让多米尼科·查蒙蒂纳的贡多拉变得更加坚固。

罗伯特老板完全可以与其他人一样用传统的工艺，但他却从不畏挑战，为了能够将贡多拉维护得更好，他的内心对全新的产品总是敞开的。

罗伯特老板决定将自己发现的新技术用于威尼斯，他首先选择将其用于贡多拉停靠的木桩上。因为水中害虫的侵蚀，这些木桩需要经常更换，这一直是城市头疼的问题。他认为将这种新产品用于捆绑船只的木桩后，就可以延长木桩的寿命，新产品经过一年的测试，就可以推广运用在整个威尼斯了。

因为这样可以节省很大一笔费用，对威尼斯来说也是一件好事，更何况对自然无害，产品完全是环保型的。只要自己能够办到的事情，他都会竭尽所能地去做，他愿意为威尼斯的建设做出

威尼斯传统船桑德拉

最大的努力。

多米尼科·查蒙蒂纳已经超越了家族产业的界限，开始为了维护城市的传统而努力。在这种精神下生产的贡多拉，日后也会继续驰骋在威尼斯的水路上的。

1. 遵循传统方式的木材加工方法

制作一艘贡多拉，多米尼科·查蒙蒂纳要用到 8 种木材，因为有些地方需要柔软的材料，而有些地方则需要牢固的材料，各个部位所需要的木材特性是不同的。另外不管是加工木材的方式，还是弯曲木板的工作，他们都采用了传统方式。

2. 为船夫着想的制作

多米尼科·查蒙蒂纳的贡多拉，是根据船夫的特点，制作出的不同形态的贡多拉。他们会根据船夫的体重，调整船体底板的面积，并根据船夫的喜好来改变船头的装饰。另外为了让船夫在摇橹的时候更加省力，左侧弯曲程度会和右侧弯曲程度有所不同。这些为用户考虑的贴心之处，正是他们吸引船夫们的秘诀。

3. 结实的制作、彻底的修理

在制作贡多拉时，他们会使用不锈钢来保护船体免受冲撞，另外在钉子上也加了锌涂层，让钉子免受海水的侵蚀。为了制作出坚固的贡多拉，这份努力渗透到了每一个配件之中。即便是在贡多拉出售之后，他们也依然会对每一个部件进行保修。

4. 传授制作技术

罗伯特老板努力去和他人分享自己所拥有的技术，虽然没有继承人，但他正打算将家族的制作技术传授给徒弟而非家人。因为他希望在自己死后，这些技术和传统能够继续传承下去。

5. 不断迎接挑战

利用防止污染环境的新素材，加上保障美丽色泽的新技术，实现传统与现代的融合是多米尼科·查蒙蒂纳的第一个经营铁律。只要能够制作出优质的船只，他们就不会畏惧任何全新的方法和变化，会不断地进行尝试。

店 铺 信 息

地　　址　Dorsoduro 1542-30123 Venezia, Italy
官网主页　www.tramontingondole.it
电　　话　+39-41-5237762

超越历史走向世界

土耳其皮鞋名店
德德玛·奥斯曼尼·查勒科

“为了做好鞋子，我学习了30年。坚持不懈的学习将我们引向了未来。”

——德德玛·奥斯曼尼·查勒科第四任老板侯赛因·科佩尔

位于亚洲大陆西边尽头与欧洲毗邻的国家土耳其，在地理位置上位于东西方的交叉路口，其文化也多元混杂。土耳其有99.8%的国民都是伊斯兰教徒，虽然这对我们而言多少有些陌生，但却也能一窥神秘而又奢华的伊斯兰文化。土耳其始建于13世纪末奥斯曼土耳其帝国，这里有个地方至今都保留着当时的传统，这就是制作拥有600多年历史的土耳其传统鞋子“查勒科”的地方。

在位于土耳其东南部的城市卡拉曼马拉什的一条风情万种的街道上，坐落着制造鞋子的科佩尔家族的基地，德德玛·奥斯曼尼·查勒科（Dedem osmanlı çarlk）。查勒科源自于用生皮手工缝制而成的奥斯曼帝国时代的传统鞋子，这种传统鞋子并未只停留于历史之中，在全世界人气爆棚的电影《哈利波特》中，主人公所穿的鞋子就是在这里制作而成的。查勒科并没有止步于过去，而是被认可为现代的别样艺术品。

在工坊里与毛皮味相伴了39年的工匠，同时也是经营着这家店铺的老板侯赛因从未从事过其他工作，他这辈子就只为查勒科而活。也许这对其他人而言是毫无意义的事情，但他却非常热爱这份工作。

174年来，这条沿着祖辈们的脚步而前行的鞋子制作之路，如今已经超越了历史，向着全世界迈进。

超越鞋子的艺术性

早晨刚刚破晓，德德玛·奥斯曼尼·查勒科的第四任老板侯

两块皮料就组成鞋子

长长的皮绳穿过孔眼的查勒科

赛因·科佩尔就开始了一天的工作，他的太太沙拉芙·科佩尔负责准备早餐，这就是数 10 年来不断重复着的科佩尔家族平凡的日常生活。一杯温暖的红茶，配上橄榄、芝士和面包，在简单的早餐结束了之后，侯赛因总是会在 7 点之前就离开家门。

穿过佛晓的雾气，驱车抵达卡拉曼马拉什，而这座城市还尚未从睡眠中苏醒。这一刻，还有另一个急着上班的男人，他就是侯赛因老板的弟弟，也是生意伙伴的麦赫梅·科佩尔。在离家 10 分钟路程的市场里的小小工坊，就是侯赛因的工作地点。

在开始工作之前，最先要准备的是尚未剪裁和加工过的天然皮料。没有需要遵循的模板，也没有预先画好的线条，侯赛因单凭手和刀，就能熟练地剪裁好皮料，他会用这张皮料制作鞋子。

经他剪裁好尚未具备脚的形态的两块皮料就能组成一双鞋子。在钻出 20 个细长的孔眼之后，他用长长的皮绳穿过孔眼，就像在缝制一般，无须使用皮料之外的其他材料。人们穿的这种用动物皮制作而成的鞋子，被称为查勒科。

距离工坊 5 分钟路程的店铺——德德玛·奥斯曼尼·查勒科

侯赛因老板 1972 年作为实习生开始做这份工作，他曾和父亲、祖父一起工作。他的祖父教导了他这份工作的意义，之后的 39 年里他一直从事这份工作。

在制作查勒科时，除了工匠的手之外，不需要其他任何工具或机器，那带着温暖的一双手，在邂逅了皮料和线之后才能创造出艺术。从 13 世纪末开始就一直沿袭至今的土耳其传统鞋子查勒科，是曾经历游牧民生活的土耳其的祖先们穿过的鞋子。其特征就在于用长长的绳子穿过皮料，一直绕着脚踝捆绑固定，这种能够很好地保护到游牧民双脚的、非常实用的鞋子，在现代社会已经超越了原有的功能，具有审美的意义。虽然现在土耳其存在的游牧民人数极少，但查勒科却成为了土耳其人坚守的民族遗产。

在距离工坊 5 分钟路程的地方，就是出售工坊所制作的鞋子的店铺，侯赛因的弟弟麦赫梅·科佩尔在店里负责销售工作。查勒科不仅在卡拉曼马拉什是独家产品，在整个土耳其也是仅此一家。人们在这家店里，发现了从祖辈那里流传下来的土耳其人的生活方式和精湛的制鞋艺术。

怀揣自然的材料

从店铺所在的市区出发，驱车 10 分钟就到达了以生产优质皮料而闻名的村庄，工人们将动物油涂抹在皮料上，使之更加柔软，从而制作出高级的产品。抹上动物油的天然皮料也是制作查勒科最基本的材料。

侯赛因老板每周会来这里一次，亲自采买品质最佳的皮料。他会仔细观察皮料表面是否光滑，是否有皱褶，是否有残缺的地方。制作查勒科的人对所有的材料都要亲自确认和采买，这是从祖辈那里继承下来的德德玛·奥斯曼尼·查勒科的传统。如果带回来很硬的皮料，制作过程会非常困难，无法为顾客呈现完美的产品，这一点他比任何人都更加了解。

在制作鞋子时，德德玛·奥斯曼尼·查勒科会使用三种皮料，牛皮、山羊皮和绵羊皮，这是 174 年前就开始使用的传统材料。皮料会根据不同的特点来使用，比方说，在做鞋底的时候，就会使用皮料中最厚实的水牛皮，而绵羊皮则会用来做鞋子的外围部分，因为其非常薄的质地，所以常被用来制作鞋帮。

制作查勒科需要先从皮料中剪裁出用于制作鞋子各个部位的

六块皮料，之后将剪裁好的皮料铺在桌子上。在这个过程中会用到全新的材料，那就是连接各个皮料的线，这种线与一般的线不同，它是封上蜜蜡的棉线。蜜蜡会让线更加结实，即便是被水浸湿或者脚上出汗时，也不会腐烂。蜜蜡是融化蜂房后制作而成的，从棉花中获得的线和蜂房中获得的蜜蜡都是自然的材料，而它们就成为一双双鞋子的原料。

在用棉花制作的线上抹上蜜蜡的过程（上）
用橄榄叶和枝干制作的天然染料（下）

在制作皮料染料的过程中，在材料的选择上也有很多规则——只采用尚未加工的植物性材料制作皮料的染料。使用植物的叶子、枝杈以及根部等全天然的材料来制造，也是为了制造与自然贴近的颜色。绿色是用橄榄叶和枝杈制作的，黄色则是用核桃树的叶子和枝杈制作的，紫红色之前是用羊皮制作的，不过现在改用山茱萸之类的红色植物的叶子和枝杈制作。在蒸煮材料时会添加少许的盐，这样就能制造出颜色更加浓郁的染料了。

等到想要的颜色完成之后，就需要尽快地借助阳光的力量将

作为查勒科基本材料的天然皮料

材料和水分开，等到水分全部挥发干净，盘子的底部会残留下粗颗粒状的染料。德德玛·奥斯曼尼·查勒科会用相同的方法制作所有染料，在亲手为一块块皮料进行染色的侯赛因老板细致的手法下，查勒科的美丽渐渐绽放，等到染色结束之后，为了对皮料进行保护，会在其表面抹上橄榄油。

在充斥着化学产品的现代，能够像这样从大自然中获取所有的材料并制作产品，这一点足以令人感到惊讶。虽然如今有许多人不惜花高价购买有机产品，但老实说这里所使用的才是真正的天然材料。人就是自然的一部分，用从大自然收获的材料制作需要接触人体的产品，从某个角度来说算是再自然不过的事情。但是想要这么做却绝非易事，这也是让德德玛·奥斯曼尼·查勒科独具价值的原因所在。

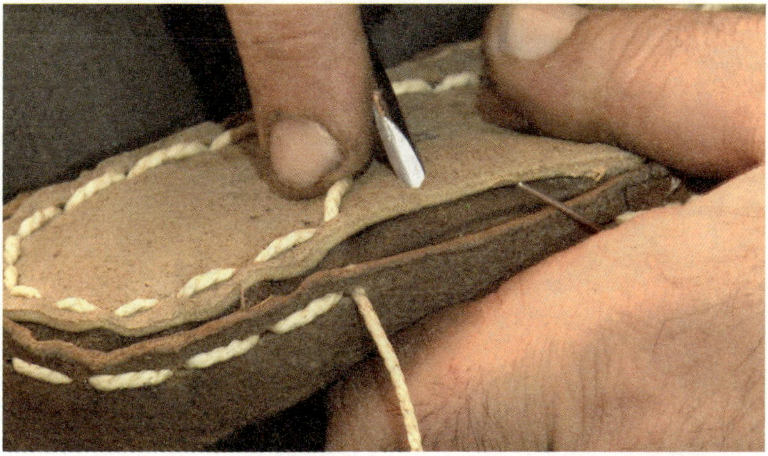

决定查勒科品质的缝针工序

造就历史和竞争力的工匠之手

决定了查勒科品质的最重要的工作就是缝针工序，首先需要用锥子在皮料上扎出许多小孔，再用穿好线绳的两根针交叉穿过小孔。缝制的关键在于缝针的小孔的数量和距离要平均，平均缝150针，最多的时候缝300针，缝制时不能让皮料起皱。根据鞋子的大小和样式设计的不同，缝针的数量和方法也有所不同。工匠们缝针的时候是不会画线的，因为多年来一直从事这份工作，所以工匠的双眼和双手都练就了这个本领。

德德玛·奥斯曼尼·查勒科的所有鞋子都是手工缝制的，侯赛因老板从未想过放弃这种传统方式，因为他坚信产品的质量是由工匠的技术决定的，而产品的价值则是取决于诚意。经过两个小时的缝制，一只鞋子的背面和脚后跟的部分就完成了。独自一人一天也没法做成一双鞋，但是如果两三个人一起分工合作，就

狭窄却朴素的工坊

可以做出五双鞋。

店里有两位和老板一起从事这份辛苦工作的工匠：哈桑·库奥鲁和巴库普·卡拉宝亚。哈桑·库奥鲁从25年前开始在这里工作，可他却谦虚地表示自己的水平也就只是帮个忙而已。拥有35年资历的缝纫工匠巴库普·卡拉宝亚负责缝制鞋底的工作，若是工匠对缝制工作不够熟练，是绝对做不好这份工作的。因为针不能穿过鞋子的底部，只能在鞋子底部皮料的边缘处缝制，若非如此缝制，孔眼就会进水。

刚开始做这份工作时，巴库普从未梦想过成为工匠，他也表示现如今自己的能力都是漫长岁月所赐予的力量。可是他那双伤痕累累的手，却印证了他所做出的努力。对于科佩尔家族而言，工匠们犹如自己的兄弟姐妹，直到今天，巴库普也依然始终如一地坚守在自己的岗位上，充满热情地工作着。

一双查勒科制作完成，其间所要经历的过程都饱含着工匠的热情，在其作为一件商品诞生之前，最后的过程就是整理鞋子的底部。锋利的刀刃似乎在沿着看不见的线条柔和地勾勒着曲线，在这没有一丝半毫的失误的手艺之中，包含了传承着家族传统的科佩尔家的自豪感。

传承传统的自豪感——工匠认证书

一双查勒科，从皮料的剪裁、染色，再到缝制，全都是手工完成。延续着店铺历史的真正竞争力就隐藏在工匠们这双手之中，他们对此充满了坚定的信念。尊重工匠并喜爱产品的人们，交口称赞他们的手艺。

靠心传递的传统

在忙于工作的侯赛因老板背后的墙上，挂着包括工匠认证书在内的各种记录着历史的照片。其中有一张拍摄于 1917 年冬天的曾祖父的照片，他出生于公元 1867 年，照相时已经差不多 50 岁了，这些都是科佩尔家族从奥斯曼时代就开始营业的证明。

德德玛・奥斯曼尼・查勒科由萨尔曼・科佩尔于 1838 年创立，从那时开始制作查勒科的科佩尔家族的技术从父亲传给了儿子，他们认为能够由家人传承家业是非常荣耀的事情，德德玛·奥斯曼尼·查勒科在充满浓郁毛皮味的工坊里，书写着家族史。

店里偶尔会迎来最受欢迎的客人，那就是这对兄弟的父亲，也是德德玛·奥斯曼尼·查勒科的第三任老板阿拉丁·科佩尔。父亲就是这对兄弟在这个世界上遇到的第一位工匠，但是因为最近身体状况不佳，他已经退出一线，但阿拉丁·科佩尔的整个心还留在店里。

相对于快要 90 岁的父亲而言，只有几十年工作经历的儿子还只是学识尚浅的实习生。虽然这对兄弟已经开始皮鞋的制作，但他们还是会将自己制作好的鞋子拿来给父亲检查。父亲会毫无保留地提出批评和建议，但是他也相信这对兄弟通过他们的手，能够传承家族的传统。直到今天，侯赛因老板也依然会将这位最年长的师父所教授的道理铭记于心。

阿拉丁·科佩尔说："查勒科对我们而言是艺术，这艺术让我们成就了自己，人们都称这双鞋为'工匠的查勒科'，这是因为它不是随便什么人都能做成的，只有真正的工匠才能制作出来。"

在他那淡淡微笑的脸上闪耀着自豪的容光。

侯赛因老板的儿子，也是接下来要带领店铺发展的第五代继承人帕缇·科佩尔，也会每天都来工坊，他从小就跟着父亲进出店铺，趴在工匠们的肩头学习查勒科的制作技术。

不久前刚从大学毕业的帕缇·科佩尔准备正式接管家业，其实做出这个决定对他而言并不简单，他也曾尝试通过从事别的工

第四任老板侯赛因·科佩尔

作赚钱，因为别的工种看上去更加舒适，更好赚钱，但他最终还是回到了这里。

“我从小就对这份工作非常熟悉，因为这是父亲传承给我的工作，也是历史性的工作，所以我的心留在了这里。”

侯赛因表示，等日后有了孙子之后，一定会带他来工坊，让他闻闻这里的味道，他相信渐渐熟悉了这种味道，孙子就不会离开这个地方，他一定会喜欢上这份工作的。

为了坚守传统，侯赛因老板认为最重要的就是培养继承人。

“如果只有我们会这份工作，不教授给其他人，就这么孤独地离开这个世界，相信这份工作不会再留在这个世界上。相反地，如果我们教授了其他人，哪怕只流传了其中一些在这个世界上，传统也不会消失不见的。”

侯赛因老板的弟弟麦赫梅·科佩尔

超越家业，为了坚守土耳其的文化

脚背上带有刺绣的五颜六色的美丽鞋子吸引了顾客们的视线，对于 25 年来帮助哥哥坚守查勒科店的麦赫梅来说，这份工作让他引以为荣，但是想要坚守这份自豪却绝非易事。因为随着时间的流逝，所有的一切都发生了改变，查勒科也在这漫长的岁月中一点点地失去了价值。但是与失望相比，他们更多地看到了希望，他们认为可以用其他的设计来制作查勒科，并开始研究。他们想要设计出一款查勒科，吸引那些对它不太看好的人们。传统需要坚守，而设计也需要随着时代的变化而进步。

现在德德玛·奥斯曼尼·查勒科正在开辟着新领域，那就是为朴素的皮料加上颜色，制作出一种华丽装饰全新设计的新查勒科，查勒科的现代化设计可以说正是科佩尔家族为了传承从祖辈手里接过的家业并坚守土耳其文化所做出的努力。

一天有一半以上时间都在工坊里制作查勒科的侯赛因，从八岁就开始跟着祖父和父亲进入这一行，现在作为店铺第四任老板的他，是家族产业发展的核心力量，也是继承传统的工匠，其肩上的担子要重过任何人。

科佩尔家族所追求的查勒科的现代化，也是在传承了174年的古老技术的基础上实现的。

穿着现代化外衣的查勒科的最大变化就在于设计，侯赛因老板拿出了一件与众不同的工具，这就是记录各种皮料的样本，和之前只用一张皮料制作传统查勒科的方式不同，现代的查勒科分为各式各样的形态，由各种皮料组合形成，当然其中也不能落下独特花纹的装饰。

深夜，在已经入睡的市场小巷里，店铺依然闪烁着灯光，侯赛因老板因为手里工作而推迟了下班。德德玛·奥斯曼尼·查勒科在开发新产品的同时，也开始尝试全新的销售方法，那就是为我们非常熟悉和喜欢的好莱坞电影提供道具。包括电影《哈利波特》、《指环王》、《特洛伊：木马屠城》的演员，都曾穿着这里制作的鞋子演出。这一次他们又从阿塞拜疆接到了制作电影道具的委托，包括制作靴子、铠甲和帽子等。正是坚持了多年的传统技术，为他们打开了一条全新的销售途径。

在全世界，像他们这样以纯手工制作鞋子的企业并不多，用从自然获得材料纯手工制作的，在全土耳其也就只有科佩尔家族，其他企业则全都使用机器。做出与特定历史时代一样的产品的店家很少，即便存在，也因为价格过于昂贵，合作很难最终成形。

正是因为有传承了 174 年的坚实技术作为保障，科佩尔家族才能坚持不懈地面对挑战。因为有着世代相传的努力和雄厚的实力做后盾，才能毫不畏惧全新的挑战。用自然的材料、祖辈们的技术走向更为广阔的世界的德德玛·奥斯曼尼·查勒科的挑战，现在才刚刚开始。

1. 从自然获得材料

抹过油的天然皮料是制作查勒科的基本材料，侯赛因老板每周会亲自采买品质最佳的皮料。线也是从棉花中制造的，他们只采用天然材料直接制作皮料的染料。

2. 饱含工匠热情的手工制作

德德玛·奥斯曼尼·查勒科的所有鞋子不借助任何机器的帮助，完全是通过手工缝制完成的。侯赛因老板从未放弃过这种传统方式，因为他坚信产品的质量是由工匠的技术决定的，而产品的价值则取决于店家的诚意。

3. 世代相传的技术传授

自从 1838 年创立以来，德德玛·奥斯曼尼·查勒科的技术就是父子相传，他们认为由家人来传承家业是非常荣耀的事情。从小就闻到毛皮味的孩子会自然而然地学习到父亲的技术，继承传统，因为他们自豪地认为这是家族的事情，也是历史的传承。

4. 开拓全新的设计和销售途径

随着时间的流逝，人们对查勒科的关注越来越少，为了守住查勒科的传统，他们设计了全新的查勒科。另外他们还开始为好莱坞电影提供道具，开拓全新的销售途径，最终传统的工匠技术为他们获得了全新的机会。

店铺信息

地　址	Osmanlı Çarıkcısı Kurtuluş Mah, Semerciler Çarşısı No:17/ B Kahramanmaraş, Turkey
官网主页	www.osmanlicarikcisi.com
电　话	+90-532-375-46-60

传承时代的鸣响记录

奥地利传统钟
格拉思迈尔

“这项工作并不意味着在保存燃烧传统剩下的灰烬，而是继续让那些火花发光。”

——格拉思迈尔第十四任老板约翰内斯·格拉思迈尔

位于阿尔卑斯山脚下的“格拉思迈尔”

奥地利的和平都市茵斯布鲁克倚靠在阿尔卑斯山脚，这座拥有 800 年历史的城市，也是第九届冬奥会的举办地。在这座仿佛从童话中走出来的美丽而又娇小的城市中，钟声就预示着庆典的开始。复活节后，为了纪念第一个圣餐仪式，茵斯布鲁克举行了追悼城市音乐家的弥撒活动。钟声宣告着弥撒的开始，并将人们召唤在了一起。在茵斯布鲁克制作响钟的地方，就是建立于 1599 年的格拉思迈尔（Grassmayr）。

钟和人们一起参与了无数个活动，不管是在葬礼还是婚礼上都会响起钟声。正如我们到了新年会敲钟一般，在这里也有一些具有特殊意义的敲钟时刻。但是别说是巨型钟了，就连日常生活中常用的小钟，如今都很难寻觅。不管是曾经用来报时的钟，还是用来告知某人到访的钟，现在全都变成了电子钟。

可是格拉思迈尔制作钟已有 400 年的历史，这钟声不仅响彻这个地区，也传到了全世界。只有历经了炎热之火淬炼的泥土，才能发出深邃而又清澈的响声。格拉思迈尔的钟既具备科学的准确性，又融入了400年的热情，打造出和谐的声响。

正在进行中的历史

格拉思迈尔是奥地利家族经营时间最长的制钟公司，从1599年的第一代到如今的第十四代，通过子承父业，这份家业已经传承了413年，成长为具有代表性的制钟公司，世界上许多名胜古迹都摆放着它的产品。

格拉思迈尔的完美之钟，蕴含前辈们的智慧和努力。祖辈们世代都从事制钟行业，他们周游其他国家，不断地学习钟的制作技巧，并将其记录在案。这些记录了祖辈们周游世界获得的制造技巧的书籍，如今已经成为了公司的技术标准。正是因为知道过去的资料会成为未来的指南，所以格拉思迈尔将迄今为止所收集的有关钟的资料妥善保存，这些资料也是格拉思迈尔发展的原动力。连一些琐碎事情都仔细记录的资料是一份伟大的遗产，也是一份重要的资产。

格拉思迈尔日后也会参考这些祖辈们留下的资料，也会留下新的记录。通过资料可以知晓过去究竟都使用过什么样的钟，制造技巧上有过什么样的改变等。这种面向未来的目光与为后代着想的记录，使格拉思迈尔一直向前发展。

格拉思迈尔曾与欧洲一同经历兴盛衰败，一旦爆发战争，青铜价格就会暴涨，钟的制作就会尤为困难。这样的状况曾经屡次

制作钟的记录是最为重要的财产

发生，但是他们将钟熔化后制成大炮和铜像，以此度过了危机。对于传承了 100 年的家业哲学，约翰内斯老板如此解释道：

“我们的哲学就是先为家族考虑，集中注意力在钟的制作上，自己先行参与到钟的制作中，不断去努力，这是很重要的一点。但如果太过考虑发展，对店铺也不是很好，我认为如果店铺一味无度地发展，总有一天会衰败的。”

穿过店铺一角的一扇小门，就是格拉思迈尔的钟博物馆。这里由钟铸造所、钟博物馆、钟声之房这三个空间组成。1997 年还曾荣获“奥地利博物馆奖”，每年会有 30000 多人来访。

在钟博物馆里做向导的不是别人，正是第十三任老板克里斯多夫·格拉思迈尔，虽然已经满头白发，但他仍旧穿着端庄的衬衫，系着领带迎接客人。

“我们公司制作钟的历史已经超过了 400 年，第一任老板巴

位于店铺一角的“钟博物馆”

勒泰尔·梅·格拉思迈尔是在1599年第一次开始制作钟的。”

正在解说的克里斯多夫的声音里充满了热情，正如祖辈们做的那样，当从老板一职退居下来后，他自愿扮演着为大家介绍历史的角色。

约翰内斯老板的二儿子尤里安结束了学校的课业之后总会来工厂，他把这里当成是游乐园。当年他趴在爸爸肩头看到的那些事情，如今已经做得非常顺手。约翰内斯老板从7岁就开始进出这里，不断地学习，并沉迷于对钟的迷恋之中。他认为他的儿子也开始熟悉这个地方。对于小孩子来说，这是个一切都非常神奇而又有趣的游乐场，他不会强求，但却把这当作一种早期教育。前任老板祖父和现任老板儿子，以及即将继承未来的孙子，三代人每天如一日地发展着的格拉思迈尔家业。

为了奏响动听的钟声

在格拉思迈尔的店铺里面，整齐地摆放着数不清的钟，天花板和墙上都挂满了钟，从很小的装饰用钟，到活动用钟，甚至还有宗教仪式上所用的钟，这些钟形态各异，钟声也是各有千秋，人们被格拉思迈尔如乐器般悦乐的钟声吸引。第十四任老板约翰

第十四任老板约翰内斯·格拉思迈尔和他的副老板弟弟彼得

内斯表示，“最重要的目标就是让更多的人被钟声打动，看到钟的美丽，感受到喜悦之情”。

从 1599 年成立以来的 400 年里，格拉思迈尔一直集中精力制造特别的钟。他带领着 30 多名员工一起，制造向世界出口的各种钟，在每年销售的钟里，大型钟约有两三百个，小型钟约有上千个。

公司能发展壮大到如今的规模，要归功于将自己的青春和热血都奉献给钟声的员工们。今年是阿路易斯在这里工作的第 42 个年头，他第一次来到公司时，约翰内斯老板才 7 岁，那时的小孩子变成了老板。正是因为阿路易斯一路见证了他的成长过程，也就自然而然地形成了如家人一般的关系，像这样互相紧密合作的关系，正是格拉思迈尔安身立命的最大原动力。

漫长的时间以来，在所有人的通力合作下，格拉思迈尔的钟变得越来越精致。钟声的品质是制作钟的重点，而为决定钟声框架定型的过程，就交由付副老板彼得·格拉思迈尔负责。为了打造悦耳的钟声，需要制作出精准的框架，钟的形态是决定钟声品质的开始，一旦形态发生了的改变，钟声也会改变，这是多年研究和实验的结果。一点细微角度的变化有可能会毁掉整个钟，所以这份工作一定要万分慎重地对待。钟声的艺术来自于精细的计算，因为只有按照准确的比例制作，钟声才会悦耳动听。

彼得副老板是约翰内斯老板的弟弟，他得到了老板绝对的信任。彼得副老板在生产部门工作，一天中半天在工厂、半天在办公室工作。约翰内斯老板则负责销售和出口，这里的钟会出口到超过 100 多个国家。

一旦定好了钟的框架，固定形态的工作就开始了，定型所用的泥土团是由黏土、黑铅、砖头粉、大麦草料等各式各样的材料配比而成的，泥土里还添加了马的排泄物，马的排泄物中含有钩状的物质，这能让黏土粘连在一起。和金属不同，这种物质能够通气，这一点是极其重要的。

黏土一旦干了就不黏了，为了增加黏性，且为了日后浇铸时不会产生气泡，一定要制作出耐热的泥土团。沿着已经固定好的模型，将砖块围绕在内侧垒好，先抹上一层黏土，在上面用蜜蜡封上后，再第二次加一层黏土，完成钟的框架的制造。

制作好的钟的框架会在一个星期里凝固，如果切开，会发现横截面从里面开始总共有三层——日后不需要的蜜蜡部分、在外

制作钟的框架的过程

面定型的部分，以及位于最里面的钟的框架部分。

从外观上看，它只是形态简单的铁块，但却要靠精细的工作完成。对称的完美曲线绝不是能够轻易做出来的。

所有人都关注的浇铸工作

格拉思迈尔的员工们伴着钟声开始一天的工作，他们必须要将先行制作好的浇铸框架搬到制作的位置上才行。这天要制作七口钟，它们加起来重量超过500吨。钟的浇铸过程是最为重要的，因为钟的优劣是靠短短几分钟的浇铸过程决定的。

格拉思迈尔浇铸的那一天是全村的庆典，整个地区的居民、游客以及新闻报道团约100多人为了观赏浇铸工作而齐聚一堂，大家参与这个过程是村里多年来的传统。

最后的准备工作就是调节青铜与铁的比例，为了造就好听的

许多人一起关注着的钟的浇铸过程

声音，金属的状态非常重要，需要加入锡石并准确调整合金的比例。铜锡的比例为铜 80%，锡石 20%，这口钟经测试发现锡石的比例还不到 18%，于是工厂决定将剩下的锡石全都加进去。铜锡合金不仅硬度高，且不容易碎，是制作优质钟的最佳材料。

人们围绕在浇铸现场，静静地等待浇铸的开始。第十三任老板正在认真地讲解着浇铸程序，提高了大家对钟的关注。虽然人们等待的热情逐渐高涨，可浇铸工作却还没有开始。

为了让铜锡能够混合均匀，工匠们使用长长的木条来搅拌。搅拌用的木条也是多次实验后的最佳选择。为了找到最好的搅拌材料，工厂和一家大学联手进行了实验，最终发现桤木是最适合的。因为将桤木放入鼓风炉中搅拌，金属上的氢会脱落，金属材料就能充分混合。

鼓风炉达到一定的温度，准备工作就结束了。此时负责现场指挥的彼得副老板拿着话筒向观众解说着：“现在鼓风炉的温度已经达到了 1100 度，请大家一起祈祷钟能够顺利浇铸完成。”说完这句话他将话筒递给了神父。

“以圣父、圣子和圣灵的名义，阿门。”

当大家祈祷之际，火红的铁水喷薄而出，好像宗教仪式一般，人们目睹了这令人惊讶的场面。浇铸先从最大的浇铸框架开始，为了防止产生龟裂或气泡，在浇铸的时候要清除杂质，让冷空气能够充分进入金属之中，等到浇满了 7 个模型之后，用炭封住框架的浇铸口，整个浇铸工作就顺利完成了。

格拉思迈尔最大的活动胜利落下帷幕，这些共度制钟最重要一刻的人们，参与了历史、传承了传统，这就是格拉思迈尔延续了 413 年的力量。

浇铸工作结束之后，将举办盛大的宴会，大家会共饮美酒，参加庆祝的派对。格拉思迈尔整个家族都会出来招待客人，这也是格拉思迈尔重要的经营哲学。

对他们而言，钟的制作工作是一项快乐的娱乐活动，同时也是一场神圣的活动，钟制造完之后，举办盛大的宴会也是这里的传统。第十三任老板的夫人爱丽 · 贾贝斯 · 格拉思迈尔作为公司的老板娘，会为大家准备食物。

在工厂里，比任何人都要紧张的主人，正在举办着一个简单的派对，员工们用啤酒庆祝，为滚烫铁水前烘热的身子降温。在辛苦工作结束之后，大家会分享一杯美酒，数十年来，员工们都像家人一样。

钟的设计是通过计算科学进行的（上）
用于制造出特定频率声音的音叉（下）

参考过去，继续研究

制作一口钟时，格拉思迈尔最重视的部分就是准确而又清澈的音色。他们会通过频率计算寻找到最美的声音，而音色是由有特定频率的音叉来确定的。在根据顾客需要的声音进行测试时，如果能够出现不错的声音，就是制作得很成功。如果音叉上的频率不一致，声音也会不准确，这里就是采用这种原理来寻找准确的频率的。

第十四任老板彼得·格拉思迈尔表示，为了制造出远销全世界的最好音质的钟，他一直在进行着这方面的研究，同时为了制作出更加优质的钟，也需要技术性的革新。

10年前开始，他们在设计中采用计算机取代量角器和圆规来决定固有频率的钟的大小和厚度。他们以更科学的方式进行计算，并且通过设计图的方式，使所有的声音都能预测。现在不同

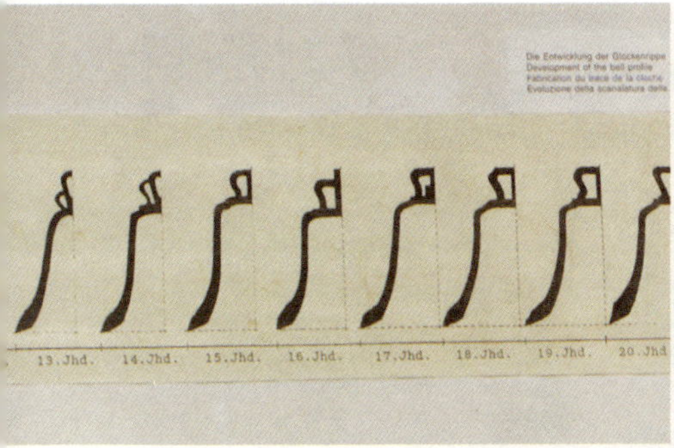

钟的厚度决定了钟声固有的频率

结束声音测试的大型钟的运输过程

重量的钟也能发出相同的声音，这在以前是绝对不会发生的事情，而如今却成为了事实。

钟的框架的厚度决定钟声的音乐性，因为不同部位厚度的不同，音质也会有所不同。格拉思迈尔之所以能够继承传统，其秘诀就在这框架之中。并不是所有尺寸的钟都采用相同的厚度，根据顾客订单的要求，所有的框架会在计算之后再做出不同的厚度，当需要修理这些年龄长达500年的钟时，厚度也需要重新计算。

结束声音测试之后，就要开始大型钟的运输工作，钟一般都是宗教团体订购的，预计会运送到特殊的地方。

约翰内斯老板来到了位于茵斯布鲁克市中心的演奏会场——茵斯布鲁克市民会馆，这里正在如火如荼地进行着即将在周末演出的演奏会彩排，管弦乐队准备迎接新的挑战，那就是用格拉思迈尔的钟进行演奏。钟声和管弦乐队精妙地搭配演奏出优美的旋

从浇过铁水的框架中取出钟的过程

律，让人流连忘返。

“如果人们在演奏会上听到钟声感到快乐，我会非常感动，”约翰内斯老板如此说。能够在演奏会上响起格拉思迈尔的钟声，对他而言是无上的光荣。

拥有特别意义的钟响

一口钟的制作耗时超过一个月，在这段时间里，从浇过铁水的框架中取出钟的工作十分重要。在钟来到这个世界的第一瞬间，它脱离作为模具的泥土，露出了原本的模样，这被称为“钟的诞生”，这一刻的钟声，犹如新生儿发出第一声啼哭。

在这两周的时间里，金属会变得愈发紧密，经历过凝固过程后诞生的钟，会变得坚固异常。在钟完成的那一刻，对于一直关注的人来说，意义非凡。格拉思迈尔制作出的钟的样式丰富，从直径 4 厘米到直径超过 2 米的都有。

制作尺寸各不相同的钟的格拉思迈尔

接下来会在钟上雕刻钟文，标记钟的制作年度。这里所制作的每一口钟都会刻上钟文，以保证其品质。

如果说声音是钟的本质，那么钟面上的图案设计就具有象征性的意义，这份意义也得以通过设计来强调。在格拉思迈尔，四位雕刻家会将带有宗教色彩、地区特色或文化差异的装饰雕刻在钟上。

这里曾为印度教、伊斯兰教做过钟，还曾为天主教等众多宗教团体制作不同的钟，韩国也是这里的客户。在 2002 年韩国人就曾登门拜访，在这里订购了三口钟，其中之一就挂在明洞教堂。20 年前，随着网络的发展，订单越来越多，现在这里的钟已经出口到了全世界 100 多个国家。虽然销量一直在不断地增长，但格拉思迈尔的心思却在如何延长钟的寿命上。约翰内斯老板仔细观察着祖父所制作的钟，在确认钟具体是什么时候制作的、钟的声音是否还哄亮、有没有破损的地方，他每年都会对钟检查一次，格拉思迈尔的钟品质保证时间是 15 年。

“制作出能够发出悦耳声响的钟，就是格拉思迈尔的目标，数百年来，我们一直希望人们能够和钟一起分享喜悦，让钟声奏响到更远的地方。”

纯粹的热情和诚实的劳动催生了格拉思迈尔的钟，如今也打动着人们的心。千年之音弥漫在空气中，与人们的感情共存、和生活的喜怒哀乐同在的钟声绝不会轻易消失，格拉思迈尔也朝着未来越走越远。

1. 制作动听钟声的技术

优美的钟声来自准确的钟的框架，通过精细计算铸成的各种形态的钟，是这里独到的竞争力。制作出质量始终如一的钟是这里的秘诀，格拉思迈尔的钟声优美，可以和管弦乐队一起来演奏。

2. 珍惜家业和传统

正因为知道过去的材料会成为未来的指南，格拉思迈尔才保存着迄今为止所有制作钟的相关资料，并将其作为标准。店里有一座展示格拉思迈尔钟的历史博物馆，退居二线的老板在这里担任向导的工作。

3. 研究和革新

为了制作出声音优美的钟，格拉思迈尔从未停止过研究，熔化金属时所使用的木棍，是通过和大学一起研究才找到的最佳木材。另外随着时代的变化，这里的革新也在持续着。现在这里通过计算机来设计钟，也能够更加科学地测算钟的大小和厚度。

4. 和当地居民的沟通

进行浇铸工作的那一天，也是茵斯布鲁克这个村庄举行庆典的一天，许多的当地居民和媒体会齐聚一堂，来观赏钟浇铸的过程，祈祷着钟能够顺利制作完成。为了能够让人们理解，老板会对钟的制作过程进行解说。在完成了浇铸之后，根据传统，大家还会分享面包和美酒，和当地居民一同庆贺。

店 铺 信 息

地　　址　Leopoldstraβe 53 6020 Innsbruck Tirol, Austria

官网主页　www.grassmayr.at

电　　话　+43-512-59416-37

营业时间　周一至周五9:00-17:00（5月-9月只有星期六营业）

222年传统缔造的瓷器

波兰瓷器名店
斯米洛夫

“我们并不是明天就会消失的公司，坚守了 222 年的斯米洛夫的技艺会一直使顾客满意。”

——斯米洛夫代表理事印伽・卡敏斯卡

自 13 世纪以来，波兰首都华沙就是政治经济文化中心。波兰的大部分国土分布在平原地带，土地肥沃，从古至今都有着发达的瓷器文化。

提起波兰就会让人想起瓷器制作公司斯米洛夫（Ćmielów），它位于华沙南部约 180 公里的小城“斯米洛夫镇”。1790 年，波兰著名陶艺家波依塔斯和他的朋友们在这里开门营业，在之后的 222 年里，这座城市因瓷器制作而闻名，斯米洛夫也成为了波兰历史上最为悠久也是最出名的瓷器公司。

波兰瓷器的特点是带有强烈的色彩和华丽的花纹，可是斯米洛夫的瓷器却与华丽相距甚远，他们生产的瓷器在白底上只用一种颜色装饰。斯米洛夫的瓷器设计极其简单，但却非常优雅，他们尽可能减少花纹和色彩的使用。斯米洛夫的瓷器被波兰人认为超越了普通的器皿，而是成为了提高居家品质的艺术品。

即便在苦难的年代，斯米洛夫依然坚守着传统，并以传统为基础，制造出简洁而又优雅的白色瓷器。斯米洛夫结合了传统和现代美的精美设计赢得了消费者的芳心。

波兰人心爱的宝物

在波兰华沙的王宫博物馆里有一间特别的房间。从 1926 年开始到 1939 年，也就是第一次世界大战结束之后到第二次世界大战爆发之前，当时波兰曾作为独立国家经历过一段和平年代。这里曾是当时的波兰总统伊格纳茨·莫希奇茨基的接待室。

这间房间里展示着装饰美丽的斯米洛夫瓷器，上面镶金的部

王宫博物馆接待室中展示的斯米洛夫茶杯

分是波兰的象征——老鹰和月桂树的叶子，茶杯的下面还清晰地雕刻着斯米洛夫的标记。

斯米洛夫的代表理事印伽表示，公司的宗旨非常简单，就是“制作出与最棒的晚餐相配的瓷器”。斯米洛夫的瓷器非常美丽，白色瓷器和丰富多样的颜色十分协调，这也为餐桌平添了几分美丽和优雅。斯米洛夫的瓷器备受大家的喜爱，只要是波兰人，几乎每家都会有一两件。水杯、茶杯以及小的茶壶所组成的一整套瓷器，也是世代相传的家宝。

从 2008 年到 2009 年，斯米洛夫连续荣获了波兰媒体和市民团体颁发的顾客满意奖。在波兰，唯有斯米洛夫荣获了这份殊荣。可是他们并不因此而满足，因为若是满足于现在，就无法再梦想未来。

简洁而又特别的设计

位于公司一角的展示馆陈列着当前在制作销售的产品，在这里可以看到斯米洛夫瓷器特有的简洁造型。令人吃惊的一点是，这里所有的设计都与 222 年前一致。

斯米洛夫瓷器没有华丽的装饰，它保留瓷器本身所具备的特性，这便是他们从创业之初就一直坚持的理念。设计简洁的斯米洛夫瓷器，不仅装点了波兰王族和贵族的餐桌，而且在漫长的岁月里也被许多普通人青睐。

斯米洛夫，印伽·卡敏斯卡老板

虽然看上去非常简单，但其实它的色调很特别，当光照到瓷器上时就会闪现出光芒，这种瓷器被称作“白色黄金”。

制作这种瓷器的第一个秘诀就是瓷土。创业之初斯米洛夫在沼泽地带较多的这一地区，很轻松就获了大量的瓷土，可是现在店里却使用的是从法国和德国等地进口的白土。店里精选出优质的白土，并将其制作成三种瓷器的泥料和釉料。

白土泥料经过高压多次研磨才能使用，这是为了将其颗粒变得柔滑细腻，提升其黏性。如果泥土里混和了空气，就会产生劣质产品。

拥有 30 年资历的材料管理负责人在泥料完成后会立刻检验其黏性，泥料必须手工揉搓 10 分钟以上，不能裂开。若是使用了黏性不够的泥料，在窑洞里烧制时瓷器会随着空气的膨胀而开裂，因此确认工作至关重要。

原料是决定着瓷器成败的第一个条件，斯米洛夫会按照瓷器的形态来使用不同的泥料。结束了第一次检查的泥料，会按照 30% 的比例和水调成稀释的状态。如果泥料未能完全地去除杂质

瓷器制作的秘密——白土泥料

或没有搅拌均匀，就要再次返回第一道工序。只有当所有的条件都符合时，才能进入瓷器制作过程。

细致而又彻底的制作工序

在制作工坊的一角，定型的准备工作正在如火如荼地进行着。首先要用塑料的模型制作出石膏磨具，用刷子在石膏模具上抹上油，这是为了日后从磨具中取出泥料时，保障其表面的光滑，不会有任何气泡或瑕疵。根据石膏磨具的完成度的不同，瓷器的品质也会有所不同。制作石膏模具的工作是整个制作工序中劳动量最大的工作，因此会由男性员工来负责。

在平均每天持续八小时的工作中，工匠会用到一样特殊的器具，那就是一张木质的旋转桌子。瓷器平铺在上面，工匠旋转着桌子工作。20 多年前随着消费需求的提升，为了提高工作效率，

瓷器的品质取决于石膏模具的完成过程

为了提升工作效率而采用的旋转桌子

店里特意制作了旋转工作台。

在经过大约 30 分钟后，石膏液会慢慢凝固，凝固的磨具会用手工的方式将其表面打磨光滑。斯米洛夫每天平均手工制作 200 个左右的新模具。

接下来就要进入定型工序，不需要特别塑型的普通的器皿，会通过机器定型，而尺寸较小或者需要保持立体感的瓷器，就需要手工作业来完成。斯米洛夫会将这道工序全部交由女性负责，因为他们认为将细致的工作交给女性，效率会提高很多。在瓷器制作工坊的 400 多名员工中，女性占据了 80%，而瓷器的主要客户也是女性。所以斯米洛夫用女性特有的纤细手指，制作出了让消费者满意的瓷器。

浇上泥料经过 5 分钟后，模具就会脱落，此时需要在泥料尚未完全凝固的状态下，尽可能快地对泥料的表面进行打磨。这道工序的核心技术就是对压力的调节，哪怕对泥料施加了一丁点不均衡的力量，瓷器的形状在烧制的时候都会扭曲。

需要女性员工纤细手法的定型工作

定型完成后，在泥料凝固之前会随机进行检查，再一次确认泥料的黏性状态。检查时会切割开来查看横截面，如果判定没有问题，就会开始制作。

泥料的重量也是检查的标准，一个马克杯的理想重量是180克，多1克或少1克，都会立刻进行报废处理。这种严格的检验程序是斯米洛夫自创业以来就一直坚持的原则。

一同创造着斯米洛夫222年历史的员工们

斯米洛夫创始于1790年的一次当地陶艺家的聚会。对待居民如家人一般的斯米洛夫对员工来说就是教育场所、生活基地。

斯米洛夫由家庭手工业开始，并将这种方式世代相传了下来。在这里生产的所有器皿之中，都饱含着制作之人的一片心意。除了简单的圆形碟子之外，大部分的器皿都需要熟练的员工来制作，做了20年釉料工作的员工们手法娴熟，能够完美地制作出精美的瓷器。

在休息的时候，员工们会齐聚一堂，一边喝茶一边休息。这里平均由7人组成一组，而其中约40%的人都是拥有超过20年工作经验的资深员工，大部分人在十六七岁的年纪从技术学校毕业后，就在此开始了他们人生的第一份工作。

因为女性员工较多，所以当有员工怀孕生孩子时，会暂时休假，等生完孩子之后再回来工作。短时间的离开并不会带来什么不良的影响，等到再次回来之际，依然会保留与从前相同的工作条件和地位。因此员工们能够合理的安排好自己的生活，长期在这里工作。

这些员工在少女时就在一起工作，30多年之后，已经人到中年。数十年来在一起配合默契的员工们，拥有着丰富的经验。正是他们的经验和公司的传统以及这种如家一般的气氛，造就了品质优秀而精美的瓷器。而且他们在家中也会使用斯米洛夫的器皿，这并不仅仅出自于他们作为这里员工的自豪感，而是因为他们深知，斯米洛夫简洁的设计会增添食物的风味。制作瓷器之人本身就在使用这些瓷器，这就说明斯米洛夫器皿的优越性。

上午班的员工们到了下午2点下班，各个组在下班之前会填写自己的工作日志。

对于自己亲手创造着波兰历史一事，员工们感受到的自豪感胜过任何人。一旦能力获得认可，就会成为技工或负责人，不仅备受他人尊敬，收入也颇丰。自己所做的事情不仅受到了尊重，而且也获得了相应的报酬，这应该是最能让人产生动力的。

优雅的瓷器风情

随着岁月的流逝，斯米洛夫的装备已经换成了现代化的，在严格的品质管理上却从未有过改变。

结束了定型的器皿开始进行上釉工作，这是为了提升瓷器的强度和光泽效果所必须的工序，表面哪怕有一丁点的不光滑都会被认定为不合格产品。

接下来开始的就是素烧的工作，素烧使用总长 60 米、用石油做燃料的长通道型的窑洞。在 10 年前，斯米洛夫还使用耗时长的木柴，这种方法要耗费 3 天的时间来烧制瓷器。现在使用窑洞之后，比以前烧制瓷器的速度快得多。

素烧的工序总共需要 6 个小时，特别之处就在于不同区间的窑洞温度是不一样的，从摄氏 900 度到 1630 度，经过的时间越久，温度就会越高。因为越是慢慢提升温度，瓷器就越会散发出一种特别的白色光泽。

素烧的工序完成之后，先要对瓷器的色泽进行确认，整个器皿都不能有疵点，白色光泽附着均匀。完成素烧的瓷器将交到另一组，开始进行为瓷器穿衣的工序。员工们只用手、刷子和染料，就能在瓷器上刻画出美丽的花纹。

让斯米洛夫闻名的就是“洛可可”设计，这种花纹并不是

总共需要 6 个小时的素烧工序

什么人都能做的出来的，即便在这家公司，也仅有 5 个人可以完美地绘制出洛可可花纹。因为洛可可花纹需要开始时厚重，收尾时轻薄，这就需要刷子起落时间点适宜且力量强弱适中，而这样的操作难度要求非常高，这份工作要求员工保持注意力集中。

洛可可系列是斯米洛夫创立之初，从曾经流行欧洲的洛可可艺术形式中获得灵感后创作出的。它的特征是用融入了 20% 纯金的金黄色染料，绘制花和藤蔓进行装点。

在绘制这种花纹时，斯米洛夫只采用一两种颜色，为的就是诠释出这种简单而又优雅的风情。他们深信塑造出器皿美丽风情的并不是华丽的设计，而是器皿与摆放的食物自然融合在一起的效果。

让斯米洛夫闻名的洛可可设计

结束了花纹工序的瓷器会在长达 15 米的另一个窑洞中进行再烧过程，从用白土制作泥料、做出磨具、完成定型工序开始，到雕刻花纹、再烧，在历经整整 10 道工序之后，斯米洛夫特有的优雅瓷器就完成了。

靠居民的力量寻找传统

斯米洛夫不仅拥有着保留了 18 世纪洛可可明快优雅风情的洛可可系列，在 90 多年前，基于独立军祈愿波兰繁荣昌盛的愿望，这里还制作了雕刻有国徽老鹰团的“帝国”系列，这些瓷器的每一个设计中都饱含着历史和传统的意义，在 10 种设计系列中，这里总共制作了 300 多种产品。

在公司珍藏的多年旧书中，记载着 100 年前，不，应该说是更早之前瓷器的设计，这些设计都是创业之初历代工匠亲手记载下来的。

从斯米洛夫出发，驱车大约 30 分钟就是奥斯特罗维茨历史博物馆，在这个介绍着 19 世纪到 20 世纪地区历史的地方，展示着一些特别的遗物，那就是 1939 年第二次世界大战爆发时，在奥斯维辛集中营被德军杀害的居民的物品。

斯米洛夫无数工匠也是在集中营结束的生命。因为战争的关系，斯米洛夫曾一度陷入传统断层的危机，可是在当地居民的帮助下，传统再一次得到了传承。居民们将自己手上拥有的斯米洛夫的瓷器一件件捐赠了出来，他们不图任何回报，只为波兰这家历史悠久的陶瓷公司能够传承下去，因此，斯米洛夫年代久远的瓷器都展示在这里。

为祈愿波兰的繁荣昌盛而制作的帝国系列（上）
从创业之初就开始保存的工匠们的设计记录（下）

为了让这些瓷器能够很好地保存下来，在长久岁月中不受破坏，无数的当地居民和瓷器工匠悉心照看着这些瓷器，这也是希望这些历史性的瓷器日后能够拥有更高的价值。若是没有波兰人的这种传统意识，珍贵的传统便会消失殆尽。

斯米洛夫以这些捐赠来的展示品的设计为基础，开始了传统的修复工作，迄今为止也依然在继续着。

复原历史

斯米洛夫一直在努力复原过去的作品。修复从前已经消失的东西是一件非常有价值的事情，斯米洛夫把这当成自己的使命。虽然有些人认为传统是陈旧过时的，但斯米洛夫却在传统中发现了巨大的价值。

拥有11年资历的设计师马拉乌修负责1920年代的陶瓷玩偶模具的复原工作。作为1920年代出现的作品，在战争爆发之前，这些陶瓷玩偶还曾远销整个欧洲，积攒了超高人气。

马拉乌修坐着的这把椅子已经有60多年的历史了，虽然已经陈旧，但对于能够在历史悠久的环境下工作，他感到非常自豪。他真心地享受着这份工作，通过修复他获取了宝贵经验，培养了艺术修养，更大程度地提高了自己的业务能力和创造力。最重要的是看到那些曾经消失的文物在自己指尖复活，他感到非常快乐。

进入2000年，斯米洛夫开始重新生产陶瓷玩偶。拥有100年历史的陶瓷玩偶“马尔科扎”足足花了20多年才得以再现，现在已经开始作为系列产品进行制作。马尔科扎是一种拿着花的女人的陶瓷玩偶，和器皿不同，它是根据顾客的不同喜好而制作的。在制作时改变颜色，不仅仅局限在一种颜色上，可以糅合多层颜色，打造出顾客所想要的艺术作品。

每个顾客的喜好都有所不同，每家室内装修的风格也是千差万别。因此，玩偶的制作也必须要符合这一标准，因为是根据顾客的要求来制作陶瓷玩偶，所以不可能做出完全一样的产

经过 20 多年复原工作后再现的陶瓷玩偶马尔科扎

品来。

另外所有的工作都是手工完成的，所以其中也包含了制作人个人的喜好。在整整 6 个小时的上色工作完成之后，产品在 100 年传统之上，增添了顾客需要的特点，专属于斯米洛夫的美丽陶瓷玩偶就诞生了。

从第一个复原工作开始，迄今为止斯米洛夫已经复原了动物模型以及男人女人模型等 20 多种玩偶。可是和目前所做的内容相比，日后要完成的工作还很多，斯米洛夫会在这段时间里获得更多的学习机会。

斯米洛夫目前产品的 40% 出口到了日本、英国、法国等世界许多国家，他们的目标并不是让世界上所有人都使用斯米洛夫的瓷器，只是希望用这传承了 222 年的传统技术所制作的瓷器，宣扬波兰瓷器的卓越特点。

印伽说："我们会一直采用相同的方法和技术来制作瓷器，也许公司的大楼会变得现代化，但渗透在其中的多年传统方式和制作过程并不会改变，我们所制作的瓷器会秉持这份历史悠久的姿态。"

为了公司的未来和波兰瓷器的历史，直到今天，斯米洛夫依然默默地坚持着复原传统的工作。在斯米洛夫多年的制作工坊里，他们所制作的那饱含了传统自豪感的瓷器，即便在100年之后依然会将波兰人的餐桌装点得优雅万分。

1. 美丽而又优雅的设计

和波兰瓷器普遍设计华丽的特点不同，斯米洛夫的设计简单，只是在白色瓷器上尽可能地减少装饰。哪怕是一个小小的茶杯也可以改变整个家里的气氛，秉持着这种信念制作产品的斯米洛夫，创造着一件件的艺术品。

2. 精细的手工作业

用女性员工纤细又精巧的双手做出的瓷器俘获了许多女性顾客的芳心，400多名员工中超过 80% 的人是女性。

3. 熟练员工的团队合作

斯米洛夫之所以能够得以传承，秘诀就在于员工们在多年工作经验中所形成的团队合作。7 人一组的员工各司其职，他们都是平均拥有 20 年以上工作经历的人，在默契配合了数十年后，生产出具有竞争力的产品。

4. 坚守传统的努力

斯米洛夫一直采用相同的方法和技术制作瓷器，虽然装备变得现代化，但其中所渗透的传统方式和制作过程依然不会改变。复原传统产品的工作会一直传承下去，为了宣扬波兰瓷器的卓越性，这里产品的 40% 出口到日本、英国、法国等世界各个国家。

店铺信息

地　址	27-440 Ćmielów, Sandomierska 243 str, Poland	
官网主页	www.en.cmielow.com.pl	
电　话	+48-15-861-53-12	
营业时间	周二至周日9:00-18:00	周一8:00-16:00（4月至9月）
	周二至周六9:00-16:00	周一8:00-16:00（10月至3月）

· 让·罗泽
· 奎拉伊·充莱智利克
· 范奥可
· 德·格瑞夫
· 巴克小刀
· 胡特夸尼希
· 岩田

第三章

靠信誉获得认可的
百年老店

流淌着历史的织物

法国织物名店

让·罗泽

“我们只制作完美的纺织物，因为我们的纺织物代表了法国。”

——让·罗泽第十二任老板玛丽·安东尼娅·罗泽

图尔维朗德里城堡中到处都是让·罗泽的纺织物

位于法国中西部卢瓦尔地区的城市图尔（Tours），是以纺织物产业为起点开始发展并将此产业发展状大的地区。以市中心街道为中心，半径 15 公里区域内的古城，是 16 世纪初期的国王弗朗索瓦一世和王室随从所居住的城堡所在地。其中图尔维朗德里城堡是当时的法国财政大臣让勒布雷东和他的家人们世代生活的地方。在现在访问图尔古城地区的游客中，这里是备受瞩目的顶级名胜。

游客们之所以会来访，是有着特别的原因的。这里完好地保留着 18 世纪法国大革命爆发之前城堡主人生活的原貌。当时法国贵族用颜色和花纹华丽的布料做窗帘和地毯等，用以提升家里的品味。对于生活在现代社会的人而言，整个城堡里的纺织物都代表着法国的文化，也是传统技艺和产业的体现。

以品质优异获得了全欧洲认可的让·罗泽

这座城堡里的纺织物还有另一个特点，那就是这里蕴含着图尔地区的历史。城堡里所使用的装饰材料，全部都来自当地最著名的让·罗泽（Jean Roze）公司。

曾为宫廷制作纺织物的让·罗泽，采用最高级的丝线，制作出了触感与众不同的顶级材质的纺织物。这里以蕴含了362年历史的遗产为基础，结合时代的需求，创造着全新的纺织物，让·罗泽就是用这样的方式为未来的一百年做准备。

传承了十二代的艺术品

在距离古城15分钟路程的地方就是纺织物工厂让·罗泽，自第一代老板缪萨尔·罗泽于1650年成立以来，经过362年的发展，图尔地区专门制造纺织物的让·罗泽，如今在法国国内的室内装饰品界，已经成为了屈指可数的顶级材料供货商。他们的产品出口到整个欧洲，其中英国王室是他们最重要的客户。

1650年，作为向宫中供应布料的纺织品店，让·罗泽开门营业。15世纪法国宫廷中所使用的纺织物都是从意大利进口的，时任法国国王的路易十一世，为了实现本国自己生产纺织物的目标，在图尔地区引进了绢织产业，之后图尔地区就逐渐发展成为

第十二任老板玛丽·安东尼娅·罗泽

了法国最大的纺织物生产基地。当地居民中有 45% 的人都从事纺织业，为了生产丝绸，人们在莫里哀街头种植起了桑树，可是 18 世纪末，随着廉价纺织物的引进，纺织业逐渐萧条。

同行业店铺相继关门歇业，或将工厂转到了工资相对较低的海外，但是让·罗泽却一如既往地留在了图尔，传承着当地的纺织历史。因为他们相信和历史一起流传下来的技艺，如果离开了发源地，必定会损失。从 15 世纪开始到 18 世纪，图尔的纺织物协会每周聚集在一起编写的会议记录至今依然被保存着。安东尼娅老板偶尔会翻开这些会议记录，这些珍贵的史料上详细记载着不同时代的织造方式和改善方法，而安东尼娅老板也非常了解先辈的故事。

“虽然对他们来说那是个艰苦的时代，但他们找到了解决之道，并战胜了困难，一路坚持到了今天。先辈的这些故事给了我勇气，也告诉我接下来走下去的方向。”

传承了十二代的让·罗泽未来发展方向就是和时代融为一体。今天让·罗泽从丝绸中获得的技巧已经扩展应用到了棉、人造丝、羊毛、亚麻。这份世代相传的家族事业满足了顾客的希望，也绝对不会辜负他们对商品质量的期待。

安东尼娅老板从城堡主人亨利·卡勒巴罗罗那里接到了纺织物制作委托，来到了位于古城地区的维朗德里城堡。椅子上的布料已经开始褪色，窗帘也在长久的光照下变得暗淡无光，尾端部分已经毁坏，需要更换新的。这项恢复200多年前的纺织物的工作，亨利毫不犹豫地选择了让·罗泽。

让·罗泽的第十二任老板安东尼娅试图传承那些只有照片中才能看到的祖辈们所制作的织物。虽然城堡即将换上全新的织物，但城堡所蕴含的历史并不会改变，因为让·罗泽会完美地再现这段历史。

亨利表示，他会继续和让·罗泽保持关系，因为他想要和当地社区保持合作的关系，而让·罗泽则是在当地成立多年的纺织公司。让·罗泽制作的产品质量极高，服务也是相当优秀，因而会使合作整体提升。

安东尼娅老板也自信地表示，维朗德里城堡能够在这一地区选择让·罗泽，是它的幸运。如果城堡再远10公里，就很难找到像让·罗泽这样能够制作出和当时使用的丝绸质量相当的公司了。

回到公司的安东尼娅老板开始埋头进行设计工作。安东尼娅老板筛选出维朗德里城堡建造时，即16世纪文艺复兴时期风格的

身着让·罗泽布料所制成的衣物的教皇让·保罗二世

花纹并进行了重新排列，她的工作充满了自豪。在传承了十二代的技艺中诞生的让·罗泽的纺织物本身就是艺术品。有着 362 年传统的法国织物名店让·罗泽，创造出了超越时代的杰作。

用过去编织的纺织物装点现代

让·罗泽一直在追求古典美，第十二任老板玛丽·安东尼娅·罗泽，在 26 年前从父亲那里继承了经营权的同时，也继承了祖辈们想要坚守古典美的遗志。

有些人可能认为仿古设计是与时代脱节的陈腐的传统，但让·罗泽的纺织物却在历史的流转中越发显出价值。用于制作教皇让·保罗二世的衣服的丝绸保存至今，根据 15 世纪文艺复兴风格的花纹编织的纺织物，被用于制作 1996 年教皇的弥撒服。不仅如此，他们还为伊丽莎白女皇准备了她最喜欢的颜色制成的

从 1950 年开始使用的木质纺织机器

丝绸，这就是被称为“英国女皇的玫瑰”的特别纺织物。

古典式的设计是让 · 罗泽所具备的第一个竞争力，让 · 罗泽正试图再现 18 世纪的纺织物，他们用多个样本以及过去的纺织机实现着这个目标，将产品用于重新装饰 1992 年曾发生火灾的英国温莎古堡。

这里有 5 名手艺娴熟的员工，还有承载时代厚重声响的、片刻不停运转的机器，这些机器从安东尼娅老板的父亲健在时就在使用，大部分已经工作了 50 年。

木质纺织机器从 1950 年代一直沿用至今，这架机器是半自动的织造机，随时需要人手工插入纵向放置的经线和横向放置的纬线。在如今用电脑输入信息就可以自动编织织物的时代，这算是难得一见的古董。

操控这架机器的让 · 罗泽的员工也拥有着罕见的才能。机器

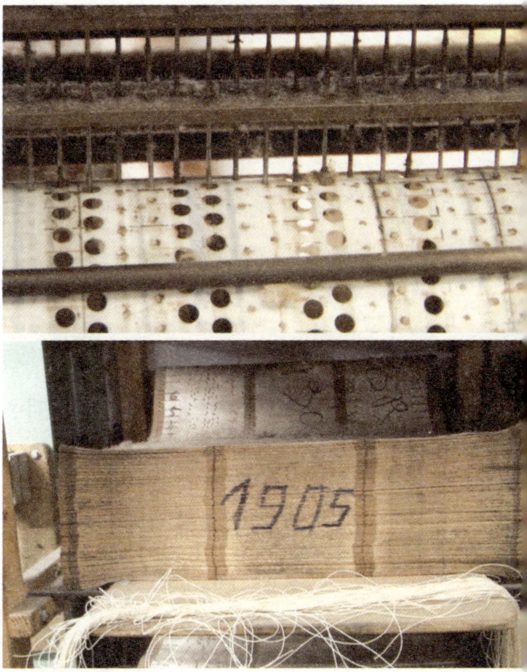

创造出所有织物形态的设计图案“穿孔卡”

里面有和针相连的数千根丝线，其中只要有一根线断了，就会影响到品质，让商品丧失其应有的价值。拥有 33 年资历的织造工人编织织物期间，一直守在纺织机器前，用双眼寻找有缺陷的地方——缺陷随时可能出现。虽然是机器在编织织物，但却必须由人来进行监督。

除了织造工人娴熟的技艺之外，让·罗泽织物的完成还借助了另一样珍贵的宝物，那便是为了在布料上形成图案而与织造物相连接的巨大的样纸，当图案进入机器里面时，丝线就会上线走动并形成图案。

让·罗泽纺织物的所有花纹，都是用与织造机相连的纸样来制作的，这种被称为穿孔卡的的纸张，是 19 世纪初法国纺织业开始自动化后使用的设计图案，机器会识别纸张上孔的位置，将丝线立起再压平，从而编织出复杂的花纹。

让·罗泽完好地保存着 200 多年前祖辈们使用的每一张穿孔卡。这些世代相传的数千张穿孔卡，就是纺织物名店让·罗泽所具备的实力的展现。

随着机器的现代化、制作工序的简化，利润在升高，但让·罗泽坚守了传统，即便是传统有些不方便、工作进展有些缓慢，但是只有这样才能完成真正精美的产品。

尊重顾客的意见

让·罗泽的纺织物以传统手工艺制作而受到人们的偏爱，为了这些顾客，他们在生产时，会在设计、图案、材质等各个方面满足顾客的要求。

因为生产过程中需要很多特殊的颜色，所以在订制产品之前，先要制作样品。在发送给顾客的订购确认书中，总是会附加一小块织物，顾客从浅、中、深这几种颜色的样品中进行挑选，决定制作什么样式的纺织物。因为顾客的具体想法无从得知，所以他们才会将选择权交给顾客。

纺织物样式确定后，他们会根据各个纺织物的用途来挑选顶级、中级或低等级的丝线，织造工人会使用顾客选择的那种丝线。像这样尊重顾客的意见制作出来的纺织物，每米的平均售价约为 100 欧元。

2004 年荣获法国顶级工匠奖、拥有 25 年资历的室内装饰专家奥利维亚·贝蒂宝，在 3 年前用让·罗泽的纺织物制作了沙发和窗帘。奥利维亚之前不仅研究过法国的纺织物，还曾研究过世界各地的产品。她选择让·罗泽的纺织物的理由难以用一句话来概括。丝线密度紧致、手感柔和，织物不管从哪个角度看都散发特有的光泽并沿用数百年前的艺术风格，不过最重要的是顾客的认可。

从底色开始，让·罗泽会按照高级定制的方式来制作产品，因此顾客往往会向室内装饰专家提出只使用让·罗泽公司制作的纺织物。

对历史悠久、产品卓越的企业来说，满足顾客的需求是最高的价值标准。只有这样顾客才会找上门来，而只有顾客找上门来，企业才能生存下去。

让·罗泽专属的技术

即便过去了数百年，让·罗泽那美丽细密、始终如一的纺织物依然饱含着世代相传的家族技艺。

室内装饰品手工业者们之所以会偏爱让·罗泽的纺织物，就是因为他们的花纹并不是在布料上印刷或描绘而成的，而是靠丝线编织出来的。从通过写实手法表现鲜花和水果等植物的15世纪的文艺复兴风格，到保留了曲线美的旋风、水波、藤蔓花纹等18世纪洛可可风格，让·罗泽的纺织物在设计上涵盖了风靡各个时代的艺术风格。室内装饰工匠奥利维亚·贝蒂宝在让·罗泽工作了25年，就是出于这个原因。

"最重要的是有风范的布料品质优良，这是宝石都难以比拟的，即便经过了20年，无论流行与否，这些布料也依然美丽。"

等到丝线选择的工作结束后，就开始染色工序。让·罗泽于2000年开设了染色工坊，以便能够更加专业和更加主动地应对室

洋溢着艺术气息的让・罗泽的织物

内装饰专家们的要求，和他们一起针对材料、设计、织法和颜色等方面展开工作。

让・罗泽会亲自对用于纺织物的所有丝线进行染色，棉、麻、毛、人造羊毛等 8 种丝线会从中国和南美等世界各地进口。轻便而坚韧且散发出光泽的丝线，是用于制作花纹华丽的纺织物最顶级的材料。

丝线会先用热水洗一遍，之后再经过一系列的化学处理，碱性成分的表面活性剂会中和酸性的染料，使染色能够平稳地进行。在让・罗泽对丝线染色的过程中，最重要的条件就是染料的量，哪怕只有 0.01 克的细微差别，丝线的颜色都会有所不同。

根据丝线重量的不同，会采用不同比率的染料。还必须遵守的另一项条件就是颜色的配比，为了获得一种颜色，让・罗泽会

工序精细的“绕经线的工作”

配比出三种颜色，配比的比率是让·罗泽从创业之初经亲自染色后掌握的独家秘方。

染色过程需要按照事先计算好的公式来进行，如果温度不符合，染色药剂就无法渗透到织物中去，而染色药剂没有渗透进去，就无法获得想要的颜色。

各种丝线一定要按照指定的温度和时间进行蒸煮，丝绸要在摄氏 100 度下蒸煮，而棉则要在摄氏 60 度下蒸煮。如果温度和时间产生了误差，化学药品和染料就很难混合在一起，不仅会产生斑纹，而且还可能会腐蚀丝线。要得到让·罗泽想要的色彩，需要反复几次染色工序。

染色完成的丝线绕在纺车上之后，要再次转移到小的纱锭上。完成染色的丝线有时会绕满十个纱锭。让·罗泽一年平均会对 400

和让·罗泽合作设计新花纹的蒂埃里·贝隆

多种颜色的丝线进行染色，当颜色不够用时，就需要一整天不断地进行染色工序。但即便如此，偶尔还是会发生不够用的情况。

在工厂的一角，绕线的工序正进行得如火如荼，乍一看觉得数量惊人。丝线的粗细和密度的不同，纺织物的强度和韧度也会有所不同。简单说来，用尽可能多的细丝线进行细密的编织，就能够延长纺织物的寿命。一条缎带需要 1106 根丝线，使用 66 个绕线轴。丝线越纤细越细密，织物的手感也会越柔和，塑造出长久的寿命和柔和的手感，需要丝线有极高的密度，这也是让·罗泽的纺织物所具备的另一大竞争力。

创造性的尝试造就了未来

纤维设计师蒂埃里·贝隆从两年前开始与让·罗泽合作，他的工作就是根据纺织物的纹路和形态添加颜色重新制作或者根据流行来重新搭配，为室内装饰从业人员和制作装饰品的工匠们提供全新的设计方案。

让·罗泽的员工每6周会和蒂埃里见一次面，并从新选定纺织物使用的丝线的颜色，为的就是给丝线带来变化，让织物变得更加现代。蒂埃里和安东尼娅老板挑选了好几种颜色，现在就要将原先的颜色改变，添加到纺织物的刺绣中去了。

想要摆脱危机，就需要在销售战略上集中全力，并制作出全新的产品。因此，店里进行了不少对色泽的开发以及对全新面料的创造性的尝试。从两三年前开始，店里开始进进军阿拉伯国家市场，现在的目标则是进入俄罗斯市场。目前让·罗泽产品的80%出口到英国、意大利、德国等国家，年销售额达到100万欧元。

让·罗泽之所以会面向海外市场，不仅仅是为了提升织物的销量，其最大的目标是要推广用传统织造方式制作的法国纺织物。

工厂厂长卢卡和负责染色的员工贝利尔在为实验做准备。几天前有顾客委托他们制作全新颜色的布料，他们先计算出与顾客想要的颜色最为接近的颜色公式，随后调节了染料的配比。让·罗泽并不只执着于已经在使用的染色配方，而总是会尝试新的实验。

在约一周的时间里，经过20次实验之后，他们终于制作出了一种客户需要的颜色。正是这种努力使得让·罗泽收获了另一种珍贵的财富，安东尼娅老板认为，想要让让·罗泽走的更远，这种努力尤为重要。

“在传统的花纹上增添现代的颜色是非常困难的，但只要搭配合理，就能创造出超越时代的、足以传给后代的优秀作品。”

从中世纪到近代，让·罗泽为法国艺术设计增添了现代美。直到今天，他们依然借助工匠纤细的双手，创造着展现国家历史的精美的纺织物。

1. 古典式的设计

让·罗泽用世代相传的设计图案和多年的机器再现了古典美。因为像让·罗泽这样能够沿用古法制作丝绸的公司寥寥无几，所以在时代的长河中，他们的纺织物才显得弥足珍贵。

2. 满足顾客要求的高级定制

让·罗泽尊重顾客的意见，将选择权交给顾客，他们会根据顾客的要求制作特殊的颜色，并会在制作顾客订购的产品之前，先行制作样品给客户进行确认。等到顾客挑选好颜色，决定好纺织物样式之后，再选择所需的丝线织造。

3. 始终如一坚持前行的家族秘籍

让·罗泽并不会在布料上印刷或描绘图案，而只是用丝线来织制图案，完成度极高的织造技术、配比比率等都沿用的是从创业之初就掌握的方法。

4. 进行全新的尝试

他们并没有执着于已经在使用的染色方法，而在进行全新的尝试。他们还在销售战略上倾注所有心血，为制作全新的产品而努力着。他们在传统花纹中添加现代色彩，应对时代的变化。

店铺信息

地　址　10, rue Joliot-Curie, Z.I B.P. 701 37557 Saint-Avertin, France

电　话　+33-2-47-28-02-15

靠奢华俘获世界

土耳其传统陶瓷工坊
奎拉伊·充莱智利克

“在传统中注入灵魂，抓住变革的机会，这便是奎拉伊·充莱智利克能够传承至今的原因所在。”

——奎拉伊·充莱智利克第五任老板穆斯塔法·奎拉伊·图伊修兹

卡帕多西亚的奇妙岩石——精灵烟囱

位于土耳其中南部奇特岩石地带的卡帕多西亚，是一块拥有许多蘑菇状岩石的神秘之地，每年约有 3000 万游客来到这里。这些大自然鬼斧神功之下雕刻而成的奇妙岩石，被称为“精灵烟囱”。正如它的名字一样，这些仿若会有精灵出现的漫画般的风景，打动了游客们的心。在卡帕多西亚也存在着许多过去为躲避迫害而来到这里生活的基督教徒的洞穴，而在这些岩石洞穴中，有一处被改造成了酒店。

用来装饰这家接待海外游客的洞穴酒店内部的，就是土耳其传统陶瓷——奎拉伊·充莱智利克（Guray Comlekcilik）的陶瓷。因为品质优良，使用数年也不会褪色，所以酒店内的土耳其式澡

因陶瓷而闻名的阿瓦诺斯

堂哈曼，也是用奎拉伊·充莱智利克的陶瓷砖来装饰的。构成一幅画卷的瓷砖装饰就是一幅优秀的艺术作品，虽然原本墙上什么都没有，但瓷砖的装饰平添了空间的美感，顾客们也颇为喜欢。这些奢华而又美丽的花纹瓷砖，是能让人感受到土耳其色彩的顶级装饰。

奎拉伊·充莱智利克是来卡帕多西亚的陶瓷小镇阿瓦诺斯的游客们的必经之地。店铺里展示出了上千种样式的陶器，吸引了游客们的目光。这里的工匠每天都会转动轮车制作陶器，延续着土耳其陶瓷的传统。

征服世界的奢华

在卡帕多西亚北部的阿瓦诺斯小镇旁，流淌着土耳其最长的河流克泽尔河。这座小镇的人们从数千年前就开始用河底的泥土制作陶器，如今镇上 70% 的居民都从事陶器制作，镇上还备有单独的陶瓷工坊供旅游者游览。游人们经常来访的地方，就是镇上最大也是年代最久远的工坊奎拉伊·充莱智利克。工坊拥有 169 年的历史，从 1843 年就开始制作陶瓷，阿瓦诺斯小镇上制作的陶瓷的花纹和样式都起步于这里。

两层楼高的工坊从外表就能一窥其威严。进入这家店铺，在我们的眼前呈现的是美丽的陶瓷世界。展馆和店铺位于上层。这个仿若迷宫一般的工坊里，整齐地展示着装饰品、器皿、照明灯等数百种陶瓷产品。

最先映入眼帘的是墙上挂满的奢华又斑斓的碟子。老板拿着这些特别的陶瓷，为我们讲述了它们的历史。

融入 169 年的热情，这里的陶瓷涵盖了世界上所有的颜色，并以奢华征服了世人。靠传统泥土捏制、用工匠手艺制作现代产品的奎拉伊·充莱智利克，不允许一模一样的陶器存在。靠这种“不同”，奎拉伊·充莱智利克陶器获得了生命力，店铺里展示的陶器没有一种设计是相同的。

奎拉伊·充莱智利克陶器的特点是花纹细致、颜色丰富，店里虽然一直在追求变化，但设计的中心始终是传统。13 世纪土耳其人来往于伊斯坦布尔和布尔萨兜售陶器，依兹尼克花纹的陶器在全世界各式各样的博物馆中都出现了。

用优质泥土制作而成的结实的陶器

洞穴的屋顶就是配比泥土进行制作的工坊，制作出优质陶器

满墙的花纹华丽的碟子

的第一个条件就是优质的泥土。从采集到的泥土中去除杂质的并不是机器或工具，而是一双满是皱纹的老人的手。这种类似用筛子精细筛选的手艺没个一两年是练就不了的。阿杰雷从 12 岁就开始在阿瓦诺斯做筛泥土的工作，现在已经是在这里工作了超过 20 年的行家。他那双沾染了泥土的手造就了完美的陶器。被筛掉杂质的泥土需要凝固 10 天左右才能变硬实。

阿瓦诺斯之所以成为闻名的陶瓷小镇，也多亏了这天赐的地质环境，这里到处都是适合做陶瓷的泥土。奎拉伊 · 充莱智利克也是从祖辈就开始从这一地区获取材料，奎拉伊 · 充莱智利克每年会从土耳其最长的河流克泽尔河周围采集 6 到 10 次泥土，用以制作陶器。这种优质的泥土是克泽尔河馈赠的礼物，是一种耐受摄氏1400度以上高温的特别的泥土。

筛掉杂质的泥土经过了十天左右的凝固（上）
只有奎拉伊工坊才用的珍贵泥土（下）

克泽尔河距离这里有1000米远，在雨水较多的冬季或春季，河水泛滥，甚至会一路流到镇上来。等这里充满河水再到河水退去时，就会留下优质的泥土。泥土里没有石头，而且铁的含量也是相当高，另外泥土的颗粒也非常细小。听说自从使用这种泥土后，陶器破碎的现象就大幅度减少了。和好的泥料会催熟四五个月，之后就能用来做陶器了。

在工匠指尖诞生的陶器

在洞穴地下的定型工作室里，3位工匠正利用电动轮车捏制陶器，穆斯塔法·奎拉伊老板是奎拉伊·充莱智利克工坊的第五任老板，也是陶器工匠。从祖父到父亲，他的家族世代相传着制作陶器的家业。

他会向来客们开放整个工作室，这样做源自他那世代相传的骄傲以及对手工作业的自豪感。这里制作的产品和其他工作坊所制作的产品不同，所使用的泥土也不同。因此，这里不仅会复原传统的陶器，还会用现代化的方法来制作。

靠双手和双眼完成精细工作的过程是非常辛苦的。从6岁就开始从事定型工作的埃顿，是奎拉伊·充莱智利克的顶级定型工匠。这份工作虽然辛苦但也价值非凡，为了传统陶器的复原，他从5年前开始在这里工作，现在复原传统陶器必须要经过他的这双手。

店里还会制作赫梯时代的作品，但即便是对于拥有多年经验的他而言，再现拥有4000年历史的陶器也并非易事。可他还是用那双历经22年历练的手完成了这项工作，奎拉伊·充莱智利克工坊以此闻名世界，这也是查尔斯王子来这里拜访的原因。

除了定型工作之外，其他部门全都在洞穴的上层。包括陶器核心的花纹制作、准备材料、烤制、销售等各个环节在内，工坊大概有50名员工。由建筑家建造的这家工坊具备了制造陶器的优良条件，洞穴内的湿度保持在一定范围，对于大型陶器的制作来说这里是最适合不过的场所。

窑洞工坊是用电动机器烤制陶器的地方。奎拉伊·充莱智利克的陶器虽然品种繁多，但最值得炫耀的就是大型陶器。这些陶器不仅尺寸庞大，而且上面还有着精巧的花纹和奢华的颜色，足以震慑人心。

就在不久之前，大型陶器制作还处在尝试阶段，以前没有机

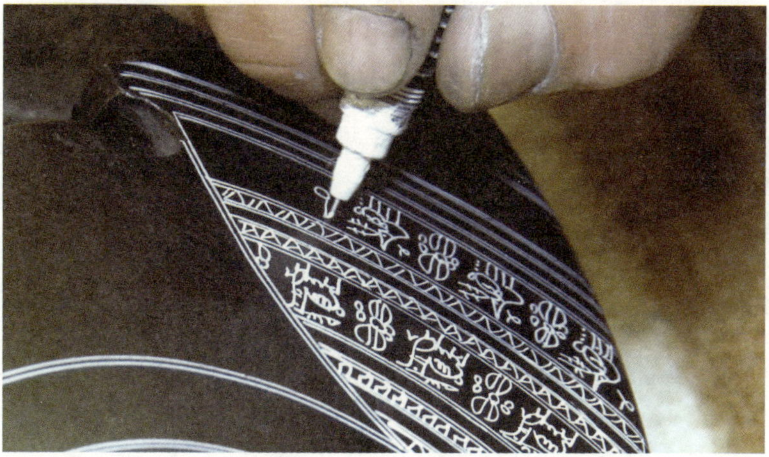

制作更大、更华丽的陶器的设计工作也需要耗费大概一年之久

器也没有技术，根本无法制作这么大的陶器。

仔细确认过制作过程的穆斯塔法·奎拉伊老板用指节敲打着陶器，检查着产品的质量。光是听声音他就能知晓陶器的品质如何。当手指敲打优质产品时，会发出干净清脆的声响，而当陶器烤制有误时，声响就会有所不同。

为了向丰富多样的全新设计发起挑战

在经历了陶器需求大幅度骤减的危机的同时，奎拉伊·充莱智利克将心思放在了设计上。设计单纯、用途固定的陶器再也无法俘获用户的心。想要制作比以前更大更华丽的陶器，就需要付出几倍的努力和时间。光是画底图就用了 2 个月，完全上完色则耗费了 4 个月的时间，等到上好光泽则又用去了 7 个月，结果完成这样一件作品足足耗费了大约一年的时间。

窑洞总共分为两层，上面摆放好陶器，下面则是采用烧火的传统方式进行烧制

在决定陶器设计之时，顾客就是隐形的设计师，店里需要随时倾听顾客的意见，考虑他们喜欢的设计，设计会在结合了这些意见之后再做决定。内佩罗是在陶器上画了 27 年画的工匠，但他甘愿从大学专攻陶艺专业的奥尔扎伊 · 图伊修兹那里学习专业知识，因为他相信只有这样才能提升工坊的设计水平。

现在工坊使用的是电动窑洞，为的是保护环境和提升陶器品质。这里以前用的是烧木材的窑洞，但现在已经被法律禁止，传统窑洞只能在市区外使用，所以这里必须使用电动窑洞。

当需要大批量生产时，他们就会交给市区外的供应商负责。以前阿瓦诺斯小镇上全都使用烧木材的传统窑洞制作陶器，虽然现在传统窑洞消失了不少，但当需要烧制数百个以上的陶器时，还是传统的窑洞更为有效。

在大学学习陶艺专业、现在作为工坊设计负责人的奥尔扎伊是穆斯塔法的妹妹，奥尔扎伊的姐姐奎拉伊也在这里工作。当需要决定重要陶器的设计时，就由三兄妹共同讨论并做出最终判断。他们既是家人也是工作伙伴，在家里的时候，当有不错的创意，他们也会打电话分享，构思全新的陶器花纹。

在有创意的时候会互相帮助，但如果想不出创意，就会苦于如何找到新点子，甚至夜不能寐。这种不分昼夜只想着陶器的热情、这份传承家业的家族力量，让奎拉伊·充莱智利克得以走过以往的岁月。

过去的智慧和现代的想象力邂逅

随着时间的流逝，传统变得越发模糊，但还是有一群试图记住过去的人存在着，所以传统的火种才没有熄灭。这里虽然扎根于过去，但对于全新的尝试也从未停止过探索。将素烧过的陶器上釉料的工坊也是创造全新颜色的实验室。员工们正在创造出更新颖、更美丽的陶器产品。

公司非常支持工匠们的创新，为了制作大型陶器，还特别定制了机器。在转动轮车的时候一定要在边缘部分抹好泥土，不能有半点漏洞，哪怕有一点细缝都能让陶器破碎，所以如果形成了小气泡，就需要将空气排出来。

奎拉伊·充莱智利克的设计融合了传统的智慧和全新的想象力，奥尔扎伊将重点放在了用现代方式去保留土耳其华丽的传统设计。她还曾经用现代方式重新制造形态古老的陶器。在沿用奥斯曼时代设计的同时，为了开发出全新的设计，他们一直倾注着不小的努力，店里能够看到的数千种设计方案就是证据。

工坊对于全新的事物非常开放，总是鼓励大家生产新产品。拥有 5 年资历的埃尔马斯·阿克修特就曾尝试过用陶器来制作壁

用腿转动轮车的“踢转”工作方式

灯。奎拉伊·充莱智利克最近开始着力制作装修用的瓷砖，来这里采购家庭装修用瓷砖的顾客也越来越多。

穆斯塔法老板一天中有10个小时都是在工坊里度过的。他经常会待在店里，和顾客聊天、观察顾客的反应、了解顾客的需要，然后开始思考。虽然看上去很简单，但这确是发展店铺的最积极有效的方法。

奎拉伊·充莱智利克积极开展观摩学习和体验活动，让更多的人来到这里动手制作陶器。在一间展示制作方式的房间里，就陈列了“踢转”式（用腿转动轮车的方式）工作台，并可以让大家亲自体验。通过体验，不仅展示了陶器制作过程，同时也和大家分享了土耳其的传统文化。

每年来访奎拉伊·充莱智利克的游客都在增加，在这里不仅可以看到工匠们手工制作陶器的过程，而且还能亲自体验捏制陶器。每年来访这里的人数过万，他们离开时都充满了难以忘怀的感受和体验。

起源于赫梯帝国的环状陶器

体验本身意义非凡，店里获得的实际收益也不容小觑，因为体验会直接与销售相连，实际上销量的60%都是由海外游客带来的。因此，店里提供海外送货服务，这样会促进销售。当游客拿着容易碎裂的陶器四处游玩时，很可能会产生问题，而正因为这种危险性的存在，游客对购买陶器有所顾忌。因此，为了让顾客能够轻松地旅游，只要是在这里购买的产品，都会提供送货服务，哪怕目的地是国外。这种希望顾客能够安心旅游的关怀，虽然需要更多的投资，但正是这种关怀，带给了顾客莫大的感动。

献给下一代的礼物

拥有这种环状独特形状的陶器，在公元前18世纪左右的赫梯帝国开始流行，赫梯时代是土耳其陶艺技术顶峰的时期。人们推测中空的陶器是当时所独有的形状。虽然古代帝国的繁华已经

第五任老板穆斯塔法·奎拉伊·图伊修兹

消逝，但过去的宝贵遗产还是保存了下来，而奎拉伊·充莱智利克也依然在为继承传统做着努力。

巨大的碟状陶器画满了形态各异的圆，层层叠叠，就好像是孔雀的羽毛一般，这种花纹便是奎拉伊家族的花纹。碟状陶器中央的小圆象征着陶器制作开端，陶器边缘的圆形，也就是圆环代表了一个世代，展示着父子传承传统到了今天的景象。

世代相传的环形图案始于1843年的阿瓦诺斯小镇。由于泥土丰饶，镇上的男人们开始制作陶器。在第三任老板时期，这里成为镇上具有代表性的工坊。但是随着时代的变化，塑料制品进入了人们的生活，以制造饮食器皿为主的陶器完全没有了市场。因塑料制品轻便的特点备受人们喜爱，陶器也渐渐受到冷落。随着需求的减少，陶器工坊也沦为了夕阳产业。不过幸运的是，近几年土耳其掀起了旅游热潮，不断有人来到镇上，工坊陶器的销量猛涨。

之所以这世代之环没有断开，最主要的原因还是在工坊面临关门的危机之时，和孙子一起并肩守护店铺的第三任老板的热情和智慧挽救了这古老的店铺。

现任老板穆斯塔法的祖父，在距离店铺门前 10 米的地方为孙子预留一片空间出售物品，售卖过程真的非常幸福又享受，使人越卖越觉得有趣。祖父这个年纪还能挣钱，真的让他非常开心。日后他才知晓，祖父将自己的顾客送到他这里，不断地说着“去那孩子那买吧”。祖父并没有教导他制作陶器的方法，而是让他亲自面对顾客推销产品，使他也感受到了其中的乐趣。穆斯塔法表示那些非常重要的价值观都是从祖父身上学来的。

穆斯塔法老板在祖父的教诲下带领公司向前发展，他也当上了爸爸，在为下一代准备着礼物。他在工坊旁边的洞穴建造阿瓦诺斯地下陶器博物馆，这里将展示古代赫梯到罗马、塞尔丘克、奥斯曼时代的陶器作品，也将是陶器小镇阿瓦诺斯建立的第一座陶器博物馆。

穆斯塔法老板将自己传承下来的事业交给女儿塞尔玛，从现在起向世界宣传土耳其陶器就是下一代人的事业了。

虽然他希望女儿能够接任店铺，成为第六任掌权人，但女儿还没有给他答复。这时他开始操作博物馆项目，幸运的是女儿很喜欢这件事，如今女儿继承了他的事业，穆斯塔法老板也是相当开心。

他表示即便自己日后离开了这个世界，也依然想要通过奎拉伊·充莱智利克在这个世界上留下痕迹。

“我想要给这个世界留下礼物。我希望下一代能够很好地传承这座工坊和博物馆，因为人生其实相当短暂。”

而这一代传给一代的事业之环就如那变化美丽的水波纹一样荡漾开去。

1. 使用优质的泥土

用含有铁成分的克泽尔河的泥土制作而成的奎拉伊·充莱智利克的陶器，耐受摄氏 1400 度以上的高温，以其坚固而闻名。陶器需要经历少则四五个月长则一年的催熟期，和好的泥料拥有优良质地。

2. 工匠们的手工作业

奎拉伊·充莱智利克能够复原传统陶器，还会利用现代化的工具工作。3 名陶器工匠使用电动轮车捏制陶器。从赫梯、奥斯曼时代传承下来的传统花纹到现代风格的设计，这些描绘在陶器上的美丽而又奢华的花纹，都是通过工匠的手工作业来完成的。

3. 和大众的沟通

奎拉伊·充莱智利克对外展示制作方式并让顾客亲自体验，连工匠的工作室都公开，不仅向大家展示陶器的制作过程，同时还与大家分享土耳其的传统与文化。由此，无数的游客来访此地，给产品带来了不错的销量。另外他们还为游客提供海外送货服务。

4. 开发全新的产品

奎拉伊·充莱智利克对新鲜事物态度开放，也支持工匠们的全新尝试，这里一直在开发创造性的产品，并生产出了装修用瓷砖，顾客数量也在不断地增长。在读取人心和看懂时代变化上，他们从不吝惜时间，也不畏惧全新的挑战。

店铺信息

地　址　Eski Nevşehir Yolu Üzeri İmam Hatip Lise Karşısı No:44 50500 Nevsehir

官网主页　www.gurayceramic.com

电　话　+90-384-511-2374

创造梦想的铅笔工厂

葡萄牙铅笔公司

范奥可

“我们的愿望就是超越界限，向世界展示全新的可能。”

——范奥可第五任老板何塞·维埃拉

描绘画作、书写数字、学习文字，铅笔这样文具会伴随着人的成长。相信最开始进入学校时，拿着铅笔一笔一划地在纸上写字的记忆谁都曾经有过。可等我们稍微长大一点，就会想要用自动铅笔、钢笔，在这一点上大家都是一样的。而如今连用铅笔、钢笔都不多见了，因为电脑和智能手机取代了纸张和铅笔。

劳动者之都——圣若昂达马德拉

如果铅笔消失，这将是一件悲伤的事情。葡萄牙唯一的一家铅笔公司范奥可（Viarco）生产铅笔已经有超过 100 年的时光，现在依然在推出新的产品。它成为今天葡萄牙人生活的一部分，也象征着那些过往岁月的回忆。

位于葡萄牙北部的波尔图是一座从葡萄牙建国之初就存在的历史悠久的城市。这里有保存完好的数百年前欧洲艺术风格的建筑、自由广场和街道，置身于此仿佛让人回到了过去。这座城市的一切未曾改变，而葡萄牙人也在这里继续着自己的生活。

从波尔图往南约 40 公里就是阿威罗州的城市圣若昂达马德拉，它是葡萄牙第二大城市，它的名字翻译过来就是“劳动者之都”的意思。从 19 世纪开始，这里就是生活用品生产的中心，一直主导着葡萄牙的产业发展。

城市四处都设立着制鞋匠的铜像或制帽匠的铜像，一眼就能看出这里对那些满腔热情的劳动者的评价有多高，直到现在这里还一如继往地扮演着自己的角色。

作为产业发达地区，这里没有城堡等其他可做纪念的建筑，只有工厂而已。自古以来这里地域狭小，工厂也都是小规模的。在这种条件下，只有提升产品的品质企业才能生存下去。商品的价值是唯一的竞争力，而最重要的价值来自创意，这座城市拥有已经经营了105年的葡萄牙铅笔传统名店范奥可。

未曾忘记历史的店铺

在市井街巷有许多当地居民购买生活用品的店铺，他们所出售的产品有个共同点，那就是都是产自葡萄牙的产品。

26年前加入欧盟之后，葡萄牙产业界在进口商品的攻势下艰难度过了萧条期。摆在商店一角的铅笔，对于还记得当时艰难状况的葡萄牙人来说，有着与众不同的意义。从小就使用范奥可铅笔的妈妈也会给孩子购买这种铅笔，由经历漫长岁月形成的高超技艺制作的范奥可的铅笔，饱含着制作之人的希望和使用者的梦想。

完好地珍藏着葡萄牙铅笔产业发展的历史，并有105年传统的铅笔公司范奥可创立于1907年。作为带领公司发展的第五任老板的何塞·维埃拉认为，范奥可是制造梦的工厂。至今他仍希望能够生产出不断创新的产品，让公司能够继续发展。

范奥可不仅对当地居民开放，它也欢迎来自其他地区的游

第五任老板何塞·维埃拉

客。总公司的二楼有一间展室，在这里顾客不仅会听到产品的介绍，还可以试用和购买产品。展示的品种有普通铅笔、美术用的彩色铅笔、蜡笔等。现在范奥可生产的产品有 100 多种，除了这些还有公司数十年前制作的设计古老的丰富多样的样品。这些布满了整个展馆的铅笔能让人一览公司发展的历史。儿童用的九九乘法表铅笔是创业之初就开始生产的产品，也是过去 105 年来少年儿童的必备品。

一半蓝色一半红色的铅笔也是如此。一支笔有两种颜色使用起来会非常的便利，但是这其中却有一段不光彩的历史。在葡萄牙军事独裁时期，监察官们在查阅新闻里的所有报道和杂志时，就是用的这种铅笔，因此，它也被称为“监察笔”。这支从 50 多年前就开始生产的铅笔似乎在诉说着那段令人生畏的历史，也向人们展示着公司不忘记历史的信念。

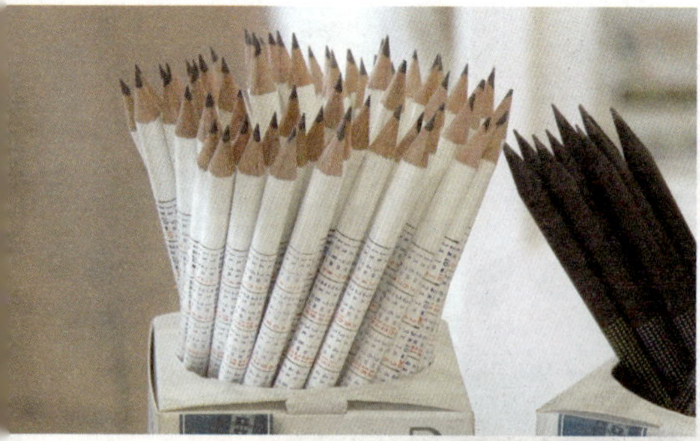

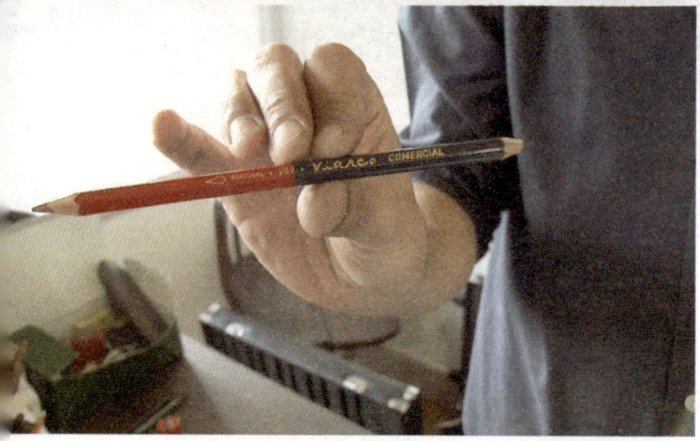

少年儿童的必备品“九九乘法表铅笔”（上）
军事独裁时期用的“监察铅笔”（下）

创造了范奥可历史的人们

总公司大楼后面就是工厂，坚守历史的努力就是从这里开始的。这家充斥着机器轰鸣声的铅笔芯制造工厂正在进行着铅笔制作的第一道工序。范奥可从创业之初就开始采用半自动化的机器方式制作铅笔芯。制作铅笔芯是核心工序，由拥有 37 年资历的阿麦利库负责。即便用机器，但大部分的工作还是需要手工完成。在制作铅笔芯之前，阿麦利库需要搅拌黏土。

将黏土均匀搅拌后，再混合石墨粉进行二次搅拌。根据黏土和石墨粉的配比不同，铅笔芯的硬度也会有所不同。决定铅笔芯硬度的还有另一项技术，那就是在搅拌间隙加水，这是阿麦利库的秘笈，这秘笈来自阿麦利库的经验。

彩色铅笔的笔芯还需要在搅拌好的黏土和石墨粉中加入着色剂，经过这道工序之后，黏土和石墨粉会形成细小坚硬的颗粒。

铅笔芯生产结束之后，黏土和石墨粉的混合物就会放入定型机中挤压，很快就会形成细长的铅笔芯。正如那永不停歇地转动

37 年来负责铅笔芯工序的阿麦利库

着的机器一般，阿麦利库那双操作机器的手也从未停下来过。

“我是不戴手套工作的，那样更方便。”他的手看起来很粗糙，被铅笔芯染得漆黑一片的每一个手指节都浸润着深深的责任感，范奥可每天会制作上千个铅笔芯。

首先制作出长长的铅笔芯，经测量长度后进行剪切。这道工序没有实现自动化，所以能做出更多样式的铅笔芯。不仅可以做出粗细不等、长短不一的笔芯，甚至还能做出长方形的笔芯。

根据顾客订单的要求，铅笔芯的形状也会有所不同，工人们会调整铅笔芯的粗细、长短以及形状进行制作。对铅笔芯进行剪切、调整长短的这份工作，是由已工作 40 年的玛利亚 · 利斯负责。40 年前，18 岁的玛利亚来到这里工作并结婚生子，现在她已经快 60 岁了，可是她表示想要在这份工作中结束此生。

这些铅笔是由工匠满是皱纹的手完成的。他们坚守了一个世纪的传统制作技术，这辈子都在研究这些技术。直到现在这些铅笔还攥在孩子们稚嫩的手中，也攥在艺术家们柔软的手中。

葡萄牙的铅笔博物馆

范奥可平均每个月有上百名游客前来，远从英国来的游客似乎对这些陈旧的机器颇感兴趣。从 105 年前创业以来，这些机器一直被沿用至今，也已经成为了葡萄牙的文化遗产。阿麦利库觉得这些机器似乎都会跟自己说话，而何塞老板觉得自己所拥有的这些机器，就是葡萄牙产业考古学中的一环。

“我们相当于拥有一个活着的博物馆，只不过这座博物馆不仅仅用来展示，而且还会生产产品。”

1907 年，以“葡萄牙利亚”的名字开门营业的范奥可，作为葡萄牙首家铅笔公司，在创业当初就获得了成功。可是到了 1929 年，伴随着世界经济的大萧条，公司也遇到了倒闭的危机。当时经营着帽子工厂的维埃拉家族并购了处于危机之中的铅笔公司，并迅速重新整顿了工厂。根据当时的状况，工厂很快就要关门，生产所需的许多技术都已丧失，因此所有的一切都必须从头开始。

范奥可的前身“葡萄牙利亚”将包括机器在内的整个工厂都搬迁到了圣若昂达马德拉。一家人和员工们彻夜研究机器的使用方法，很快就生产出了彩色铅笔、蜡笔等产品，进而发展成为了足以代表葡萄牙的铅笔公司。但是 1986 年，随着葡萄牙加入欧

维埃拉家族将公司名更改为范奥可

盟，市场充斥着大量的低价进口商品，即便如此，公司依然坚守着传统的制作方式。

虽然公司可以选择使用更小的机器，但他们依然选择了传统。这些机器拥有基本的生产能力，公司觉得首先需要考虑的是用所具备的知识和装备能够做出什么，又能做出怎样的特色。在这个大家都在求变的时代下，他们之所以会坚持采用传统的制作方式，是因为他们认为作为葡萄牙的首家铅笔公司，多年累积下的技术能力并不仅仅属于公司，他们肩负着保护葡萄牙和人类历史的使命。

将铅笔芯和木板组合的工作，是由工厂里的 15 名员工一同参与的。首先在木板上抹上胶水，之后将铅笔芯放入一个个凹槽中，根据铅笔种类的不同，凹槽的形状也会有所不同。在放好铅

根据客户的要求生产的铅笔

笔芯后，需要将木板黏到另一面，将笔芯放在中间，用两块木板像做三明治一般夹好。像这样完成铅笔芯和木板组合的工作之后，就需要放入按压磨具挤压，经干燥整整一天，铅笔芯和木板就实现完美的黏合。像这样黏合好的木板，再放入机器中削成六角形等各种形状，直到这时候一支铅笔才算制作完成。此时笔芯必须要和木板刚刚吻合才好，若非如此，机器是无法剪切的。等到完成铅笔的定形之后，还要上色七到八次。哪怕是发现了一丁点瑕疵，也需要重新回炉再造。只有做出完美的涂层，铅笔的寿命才能够延长。

投入更长的时间做出更为耐用的铅笔，这份努力已经融入了每一道制作工序之中，现在不仅使用这种方式的公司很少，就连懂得这么做的人都寥寥无几。

靠创意一决胜负

范奥可在坚守过去制作方式的同时，也在生产方式上尝试着变化。他们不会大批量生产、销售相同的产品，而是根据顾客的需要，少量生产特制的铅笔。不管是黑色还是黄色，他们都会按照顾客订单的要求进行制作，铅笔中所要加入的花纹也要在订单确认后再雕刻。

范奥可的创意商品“傻瓜铅笔”

范奥可不会像普通公司那样大批量生产，但是因为生产量少，才得以在一些细小的部分做得有创意，这也充分满足了顾客的需求。

在越发激烈的市场竞争中，公司能够生存下来的第二个原因就是创意。现在范奥可共推出了20多种创意产品，他们推出了陀螺形状的“陀螺铅笔”、“折断后用的铅笔”等有趣的产品，这其中还有被称为“世界上最糟糕的铅笔”的“傻瓜铅笔”。这种铅笔采用的是未加入石墨的笔芯，是写不出来任何字的，在两年前作为玩具被开发了出来。

看到这支铅笔的孩子们，会想到当学校的朋友跟自己借铅笔时拿来戏弄对方。这支笔已经超越了功能性的意义，而是成为了令人愉快的玩具，还能收获宣传效果。

如今铅笔已经重生为可以为人们带来全新的想象的文具。公司的这番努力吸引着不同消费群体的购买，从画画的艺术家到刚刚开始学习写字的小孩子。人们已经再不如从前那般需要笔这样的文具，现在光靠单纯的写字功能是远远不够的，铅笔还需要刺激人们的感受，增加游戏或审美的功能。

范奥可并没有因为时代的改变而埋怨时代、犹豫不前，而是找准了人们不断变化的需求，吸引着大众。

铅笔的全新功能

作为建筑家的朱翁·保罗一年前开始接触范奥可的铅笔，现在这里生产的铅笔已经成为他随身携带的必备品。范奥可的所有产品他都会买一种，连孩子们手里玩的和各种专用的产品都会买下。

特别是在画画的时候，他会使用范奥可的软炭铅笔，因为铅笔可以诠释出画作细腻的部分，所以画画的时候也很是享受。用来素描的软炭铅笔，颜色就如炭一般浓郁，当碰触到纸张时，感觉质地柔滑细腻，是美术学院学生和艺术家们使用的名牌商品。

范奥可从 2006 年开始生产专家用的产品。这种用石墨搅拌料挤压后制作而成的四方形产品，是从裁缝在布料上划线的粉笔中获得的灵感。范奥可一直在持续不断地挑战开发新产品，这也是挑战所收获的果实。厚实的石墨块被称为“XL”，这就好似拿着一块石炭在作画一般，这是在绘制大型作品的艺术家的建议下制作而成的。因为他们除了在纸张上作画外，还会在岩石或墙壁上作画。和塑造线条相比，这种铅笔能够更好地塑造画面。何塞

艺术家们工作中使用的厚实的石墨块——XL

老板打算通过这些产品来展现铅笔所具备的多种功能。

“回顾最近的几十年，对于艺术家们而言，所谓的新的绘画工具就只有电子工具而已。如果我们能够推出这样新的绘画工具，就会让艺术家们来问询用这些东西可以达到什么样的效果，这就是我们的目的。”

产品的开发并不是一蹴而就的。首先需要从使用产品的艺术家那里获得建议。他们研制的像水墨画感觉的产品于 2002 年开发，制作了数千个雏形，并不断地改善，在经过 4 年不断的实验失败后，他们最终推出的这一产品，一上市就在艺术家之中获得了巨大的反响。

在艺术家们所描绘的画作中，要表现出如人物性格的一些特点，因此范奥可决定制作出一种工具可以诠释出深浅、粗细各不相同的线条，并让石墨所能描绘的所有颜色和质地表现出不同的层次。何塞老板不想模仿别人，而是即便经历反复的失败，还是要坚持不懈地进行创新。范奥可的决心就在于此。

在开始制作这些产品的时候，人们一度认为何塞老板疯了，甚至于连员工们都如此认为。但是他当时说：

“我们需要考虑的，第一是能否完好地制作出这种产品，第二是这种产品能否被使用，接下来则是人们是否愿意花钱来买。”

通过两年前和一所大学研究院的合作，范奥可又推出了另一款新产品，那就是为那些日常生活中色觉障碍人群发明了带有颜色记号的铅笔。范奥可希望这些记号能够成为全世界通用的颜色语言，并将此贡献给世界。

有谁能想到铅笔的功能是如此无穷无尽的呢？对于那些思索后进行研究的人而言，答案不请自来。以铅笔的无限功能为基础，范奥可还将书写出另一段100年的历史。

梦想在铅笔之外

范奥可生产铅笔，不管是为小学生使用，还是为纯粹的艺术家使用，又或者是为酒店供货，它从未忘记自己所从事的行业是铅笔制作。除此之外，他们认为自己能够做的还有很多，虽然是铅笔公司，他们却也希望能够超越局限，何塞老板认为这个梦想一定会实现。

时间会报答何塞老板的努力，圣若昂达马德拉的市长卡斯特罗·阿尔梅达会每个月定期和其他地区的相关人员，带领国外的

可以看到葡萄牙唯一的铅笔公司范奥可的标志

进口商人来到公司，为的就是宣传范奥可的产品。虽然范奥可在大批量生产上缺乏竞争力，但是他们靠品质和革新获得了很强的竞争力，这一点已成为优秀的范例。生活在圣若昂达马德拉的所有人都希望范奥可能够生存下去，大家都为这家葡萄牙唯一的铅笔公司感到自豪。

因此，市里将参观范奥可的生产过程开发成了一套产业观光线路，为保留和宣传葡萄牙唯一的铅笔公司范奥可，也为传承和保护葡萄牙的产业发展史。在如此多人的关心和爱护下，范奥可正怀揣着全新的梦想继续前行。

“我们希望在不久的将来，范奥可能够在世界市场的缝隙中求得生存，成为经营顺利的小规模公司的榜样。”

何塞老板如是说着。他希望通过产品的创意和全新的功能让公司继续生存下去，而且他也会为此全力以赴。

对任何人来说，铅笔都是常见又简单的，它并没有重要到非得需要精心挑选购买的程度，范奥可正视图改变这样的想法。这家小小的铅笔公司的目标是，希望让世界知道铅笔所具备的无限可能。

1. 坚守多年的机器和制作方式

这里原封不动地使用100多年前的机器来生产铅笔，坚守传统。手工制作铅笔的员工们让我们像回到了20世纪初期一般。他们懂得珍惜过去，认为工厂就如同一座活着的博物馆，所以依然保留着过去的机器和生产方式。

2. 生产独具一格的产品

1986年，葡萄牙加入欧盟之后，在各国企业的涌入以及低价产品的攻势之下，企业纷纷消失，但是范奥可依然生存了下来。他们生产出了创意独特的产品，九九乘法表铅笔、艺术家用的铅笔、为色觉障碍人群设计的铅笔等，他们为各个不同阶层的消费者制作出了创意商品。

3. 消费者私人定制的少量产品

和用自动化的机器实现大批量的产品生产相比，少量生产消费者所想要的产品，才是范奥可所具备的力量。从不拒绝量少订单、为消费者设计生产定制的铅笔，他们以此维系着葡萄牙铅笔产业的名声。

4. 引领着当地产业的发展

范奥可所在的圣若昂达马德拉，是以引领着葡萄牙的产业发展而闻名的“劳动者之都”。现在这座城市为了发展当地经济，构筑了“产业观光”系统。借此坚守传统方式生产铅笔的范奥可，成为了来这座城市旅游的游客的必经之地，并成为了备受认可的名胜。不仅是葡萄牙当地游客不断，就连海外游客也是络绎不绝。

店铺信息

地　　址　Apartado 454 3701-914 S. João da Ma
官网主页　www.viarco.pt
电　　话　+351-256-830880

仅为一人制造的宝石

比利时宝石店
德·格瑞夫

“我们的目标不是追随潮流，而是用专属于我们的方式不断前行、永不止步。”

——德·格瑞夫第六任老板扎克及阿诺·惠特曼兄弟

位于布鲁塞尔欧拜鲁大街的德·格瑞夫

布鲁塞尔是比利时的首都，大约有近千年的历史，由于曾经受法国和荷兰的统治，因此它是一座拥有着欧洲丰富多彩文化的城市。这里坐落着能够让人联想起中世纪欧洲全盛期的建筑物，珍藏着历史悠久的纪念物。布鲁塞尔也是比利时排名第一的旅游城市，每年都会有超过千万游客来访。

布鲁塞尔的另一个名称是“欧洲之都”，从世界贸易中心到欧盟总部，大约有1500多个国际机构设立于此。布鲁塞尔从19世纪初就一直引领着欧洲经济的发展，以城市中央的证券交易所为中心，布鲁塞尔一度相当繁荣。

在市中心一角的欧拜鲁大街，是自从证券交易所建立的1801年之后形成的宝石大街，这里聚集着金钱与人群，象征着城市曾经繁荣的一段历史。在这座街道上，坐落着拥有165年历史、连续六代坚守着布鲁塞尔的宝石名店德·格瑞夫（De Greef）。

这里闻名于世的并不是制作标准化的商品，而是推出了许多设计独具一帜的宝石。现在店里的第六任经营者是惠特曼兄弟中的哥哥扎克·惠特曼，而弟弟阿诺·惠特曼负责设计。以“为每一位顾客创造宝石”为目标，持续不断地推出设计全新的宝石饰品的德·格瑞夫，于2006年被指定为“比利时王室专用宝石店”，获得了不小的名声。

所谓宝石，特征是奢华坚固、珍贵无比、难以轻易获得、即便是经历时间的流逝也不会变质。

“正如父亲和祖父所做的那样，我在创造一件事物的时候不会模仿其他事物，而是一直制作有独创性且有趣的宝石。”第六任老板阿诺想要以独创性的点子为基础，制作出打磨精致的宝石，以此来提升宝石所具有的价值。

拥有164年传统的德·格瑞夫直到今天也在创造着那些永不消逝的美丽。

在多年历史中诞生的美丽宝石

创业于1848年的德·格瑞夫是一家坐落在欧拜鲁大街上的历史悠久的宝石店铺。

每天早上8点，到了上班时间之后，阿诺就会和员工们一起在关着门的店铺门口等候，等候的是安全保管着店铺钥匙的安保公司员工。即便店里开了门，在阿诺确认店铺里面的情况之前，任何人都不能进入。

安保是宝石店的生命。每当营业结束之后，德·格瑞夫会取出陈列在店里的宝石，将其放入保险柜中，每天早上再取出所有产品进行陈列。因为将这些价值昂贵的宝石放在柜台里是非常危险的，保险公司也希望这些贵重物品能够安全地存放在保险柜中。另外人们需要经过两扇铁门才能进入店里，而第二道门是需要从里面打开的，毕竟这里是出售价格昂贵的物品。从店铺的入口就开始实施严格的安保措施，这也是理所应当之事。

德·格瑞夫每天平均有20名顾客来访，接待顾客的工作是由哥哥扎克负责的。随时走访海外收集宝石流行信息的他，为那些选择想要购买宝石的顾客提供简单详实的建议，使顾客们在携带德·格瑞夫宝石的同时享受到快乐。有些艺术作品是挂在墙上或陈列在某个地方，但宝石却是能够随身携带与人共呼吸的一样东西，德·格瑞夫的宝石也就成为了佩戴饰品者的人生故事的象征。

在店铺的一面墙壁上，展示着包括钻石项链在内的近几年来阿诺所制作的作品。在这块陈列橱窗中可以一窥店铺的各种藏品。

德·格瑞夫出售用蓝宝石、绿翡翠、红宝石、钻石等宝石制作的戒指、项链、耳环、胸针以及领带夹等饰品，产品的种类看起来和其他任何一家商店没有太大区别。但是德·格瑞夫却有着与众不同的特征，那就是所有的产品都是自己设计和手工制作而成。仅此一件的作品价值是无法估算的，“独一无二”正是德·格瑞夫宝石的另一个名称。

用天然蓝宝石和奢华的钻石制作而成的戒指，在宝石的尺寸

镶嵌黄色钻石的高达 10 万欧元的戒指

和质地上都是独一无二的，围绕着排列成五条线的钻石的蓝宝石美丽耀人。另外还有一枚特别的戒指，那就是带有鲜明黄色的钻石戒指，相对来说设计得比较古典，但其特殊的黄色增添了巨大的价值。如果估算一下其价值，会高达 10 万欧元。

1848 年，布鲁塞尔作为证券交易中心繁荣一时，德·格瑞夫就是由当时第一任老板普洛斯裴勒·德·格瑞夫创办并在市中心开门营业的。这家曾以女性顾客为主的店铺，第二任的经营权在老板女儿手中，而伴随着第三任老板奥古斯塔的婚姻，逐渐成为了惠特曼家族的产业。

到了第五任时，传承给男性经营的店铺虽然获得了发展，也壮大了规模，但是伴随 20 世纪 70 年代城市商圈的移动，这里也遭遇了危机。当时周围的商铺为了为子女寻找商机，纷纷离开了宝石大街。

15 年前，第五任老板即这对兄弟的父亲在离世之前曾经建议说，将店铺卖给咨询公司，用这笔钱来维持生计。但阿诺和哥哥并没有听取这个建议，并表示“要做我们想要做的事情”。10 年后他们用收益证明了自己的话，也展示了自己对这份事业的一腔热情。

第六任老板扎克·惠特曼（左）和阿诺·惠特曼（右）

从小就在父亲身边学习的两兄弟在接管店铺之前，分别前往美国和英国了解宝石市场的行情，学习精细加工技术。他们从1993年才开始正式继承家业。用多年的传统和独具一格的设计来经营店铺，店铺很快就声名鹊起，并于2006年被指定为比利时王室专用宝石提供商，在国家层面也获得了对其传统和技术能力的认可。

只为一个人量身定做的艺术作品

一般我们认为宝石的价值是根据色泽、耐久性、珍贵性以及流行程度来决定的，但是德·格瑞夫认为，宝石的真正价值取决于宝石与佩戴宝石之人实现了怎样美丽的协调。所谓宝石，是非常私人的东西，不仅对自己来说珍贵，而且也是向他人传递信息的器物。独具一格的宝石可以增添人的个性。德·格瑞夫希望来到店铺的人都能发现这一点。

因此德·格瑞夫的产品100%都是私人定制。设计工序是由弟弟阿诺全权负责的，他可是在以贵金属加工而闻名的英国学习了四年宝石设计和加工的专家。

20多年前，从开始经营时起所有作品就都出自阿诺之手

在任何一家著名的宝石商店，都很难找到他们在宝石设计上的个性特征。因为要满足世界各地顾客的要求、实现私人定制是相当困难的。而德·格瑞夫会降低姿态和顾客对话，感受他们真正的想法，然后再去设计制作。他们希望这不仅仅是一件装饰用的宝石，而是能够长久保存珍藏的只属于一个人的艺术作品。

首先，当有顾客来访时，根据顾客所选择的宝石尺寸和明暗度，向顾客提供丰富多样的设计。当顾客提出自己的想法时，要有针对性地给出建议。阿诺会不断地跟顾客对话，当场亲自设计出顾客想要的样式。因为等到产品制作完成后再来修改设计是很困难的，所以他会尽可能立体地表现出接近于成品的样式。

一般当我们去其他宝石店时，可供挑选的都是已经制作完成的标准型戒指。而在这里会根据个人的喜好，获得一枚世界上独一无二的戒指。为了迎合个人的喜好而专为一个人设计宝石，这便是德·格瑞夫所追求的第一个原则。

从20多年前开始和哥哥一起并肩经营店铺起，阿诺就亲手设计制作，并一直坚持着这种方式。他也一直制作和保留着为顾客设计样式时的笔记。这是希望在为一位顾客设计制作好饰品后，绝不能再做出相同样子的产品，也不会模仿之前制作好的。不制作一模一样的产品，德·格瑞夫正是以这种原则为基础，才能在逐渐萧条的宝石大街上得以发展，成为能够代表城市的宝石店。

用全新的设计满足顾客，让他们因发现有价值的东西而感到快乐。正是因为他们以这种信念在坚持着设计，才会得到良好的口碑，效果也是相当惊人的，德·格瑞夫就是这样获得了越来越多的顾客青睐。

被指定为向王室供货的商铺德·格瑞夫，也为国王的70岁诞辰制作了独具一格的礼物，那就是将国王阿尔贝二世名字的英文字母缩写后做成了纽扣，他们为男性衬衫纽扣增添了象征性的意义，得到了不错的反响。像这样个性非凡的德·格瑞夫的产品，在曾跟随流行而动的比利时宝石市场上获得了巨大的成功。

制作顶级宝石的原石

阿诺老板每两周会外出一次，目的地就是布鲁塞尔往北40公里的佛兰德地区的港口城市安特卫普。从15世纪开始，这里就一直是欧洲的贸易中心，也是世界上最大的钻石市场。因此，现如

严苛地确认着品质的阿诺老板

今这里也有着许多宝石店，从大尺寸的钻石到单颗的钻石，这里是真正容易接触到钻石的地区。

在16世纪，为了躲避宗教打压而来到这里定居的犹太人在这里加工出口钻石，使这里得以发展。安特卫普聚集着约1600多家钻石交易企业，现在世界钻石交易的约60%都是在这座城市进行的。从创业之初，德·格瑞夫都会亲自来安特卫普采买钻石，为了找到被认为是顶级宝石的钻石中最好的那1%，老板会严苛地对品质进行确认。

评价钻石价值的标准总共有四条，第一和第二条标准就是尺寸和重量，钻石原石会根据尺寸和重量进行分类，比方说从1克拉到1.5克拉，还有1.5克拉到2.5克拉，一般会像这样分出10到12种。

第三条标准就是透明度。根据杂质含量的不同，透明度也会有所不同，如果含有最常见的杂质氮，钻石就会呈黄色。因为杂质会减少钻石的光彩，所以德·格瑞夫是绝对不会使用这种钻石的。越是接近无色的钻石，其价值就越高。

但是像红色、黄色、蓝色等颜色鲜明的钻石，其价值反而比无色要高出好几倍。这种钻石非常罕见，大约只有0.0001%，这便是宝石的稀有度。

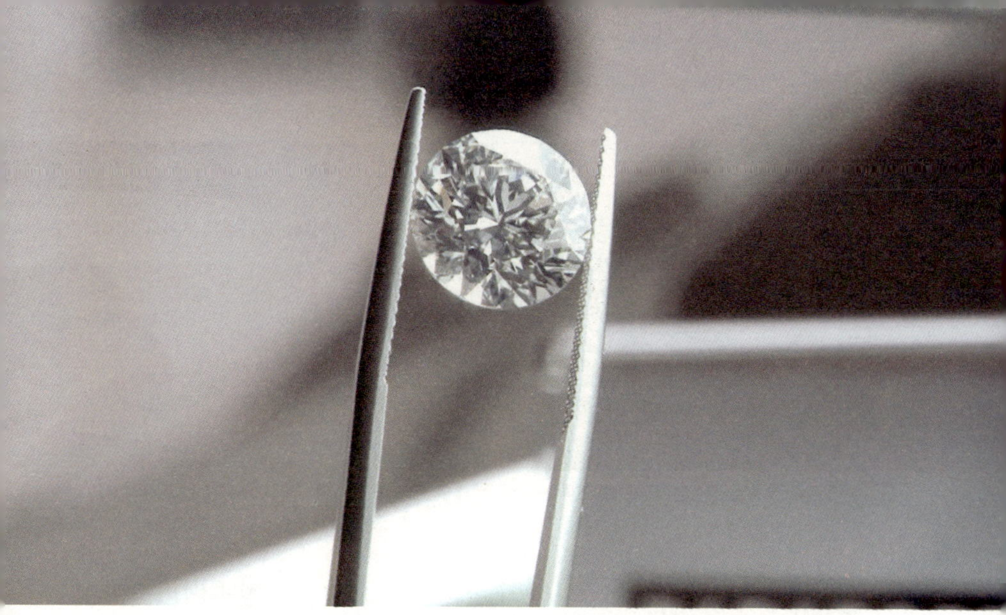

越是清澈透明，钻石就越会散发出灿烂的光芒

最后一条标准就是打磨技术。从矿山所获得是石子状的原石需要经过打磨才能成型。最大程度地实现光线的折射，安特卫普所打磨的钻石，在这一点上足以称得上是世界第一。越是清澈透明，就越会散发出灿烂的光芒，钻石的这份美丽会在手工作业之下实现。

指尖下诞生的美丽宝石

从安特卫普出发，驱车 3 小时到达的科特赖克有着一家从事精细加工的供应商，如今已是第三代传承家业的企业，有将近 100 年的历史。平均超过 30 年工作经验的工匠们在这里工作，在机器生产已经普及的比利时宝石市场，他们是唯一一家坚持手工作业的企业。他们会亲自确认每一颗钻石，并亲手进行固定加工。德·格瑞夫也是为数不多的手工制作宝石的地方，所以才会

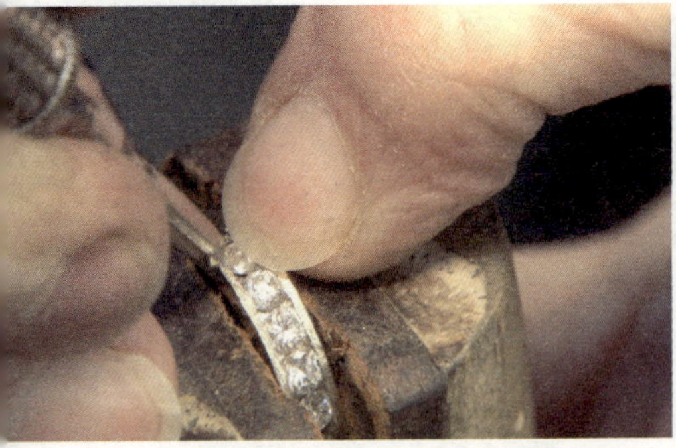

在金属的空位处填上宝石的固定过程

制作的第一道工序就是确认宝石的尺寸

找到这家精细加工企业。因为他们认为使用机器会很难做出高品质的钻石，所以从 60 多年前开始，宝石的精细加工就交到了这些工匠们的手中。

阿诺老板会将顾客亲自挑选好的蓝宝石委托到这里进行精细加工。制作的第一过程就是对宝石尺寸的确认，尺寸不符的宝石在固定在金属上的过程中会断裂。接下来对和金、银、白金等宝石最为协调的金属进行打磨，制作成用来安装宝石的金属架。工匠们会一边转动戒指，一边用敏捷的手法来进行打磨。

等到装饰金属架制作完成，宝石的固定工作就要开始了。所谓固定就是将宝石安装在金属架上空缺的部分，固定时一定要把握均衡，让金属和宝石之间不要形成缝隙。这道工序有一定的危险，若是一个不小心失误了，可能会导致宝石破碎。工匠似乎都忘记了眨眼，目不转睛地盯着手中的宝石。先将金属架各个部位打磨光滑后，再将钻石打磨光滑，让其能够顺利安装进去。

制作的最后一道工序是清除宝石上的灰尘，让宝石显得更有光泽。制作完成一块宝石饰品，一般平均需要耗费 3 周的时间，在这玲珑剔透的宝石之中，蕴含了懂得宝石真正价值的工匠们的心意。

靠家族力量发挥未来之光

164 年前，作为宝石大街上无数店铺中的一员开门营业的德·格瑞夫，现如今已经发展成为能够代表比利时的宝石店。这种荣誉光靠一个人的努力是实现不了的。每年在新的设计开发之前，兄弟们都会在一起商议对策，探讨需要集中投资的宝石种类和设计。弟弟相信哥哥在市场中颇有见地的眼光，而哥哥也相信弟弟能够设计出独树一帜的产品。

这对兄弟所追求的宝石是个性十足的、能够让人们一眼看出是德格瑞夫制作的宝石，而如今他们已经拥有了专属于自己的风格。扎克说这是弟弟阿诺的功劳，他们彼此谦让，正是因为他们对对方能力和价值的尊重，使得这对兄弟让公司得以快速发展。这家以家族信赖为基础的店铺，现在正向第七代过渡。

虽然现阶段还不确定，但扎克的儿子布勒斯和阿诺的儿子夏沙，预计会在未来如他们的父亲般经营公司。布勒斯今年已经 28 岁，夏沙也已 14 岁，日后他们也会成为不错的伙伴。

布勒斯每天下午都会来店里学习宝石制作知识，阿诺会教他宝石是怎么分类的，以及观察宝石时应该针对哪些地方进行。预计一年后，布勒斯会正式加入公司、学习经营。

其实布勒斯之前所学的专业是料理，现在也在布鲁塞尔经营着餐厅，他之所以会选择关闭自己的店铺，回来继承家业，是因为他在父亲和叔叔的身影中，看到了传承传统的重要性和发展的可能性。在和父亲以及叔叔的谈话中，他发现了诸多今后企业发展的方向，另外他看到一家人能够一起做出些成就来，使他更加坚定了继承家业的决心。他认为这是非常顺理成章的事情，所以也从未自问过这样的选择是否正确，就算不刻意强求，他也会自然而然地承接家业。

阿诺将德・格瑞夫的经营哲学定义为一点，那就是尊重顾客。他相信如果向着这个目标而努力，在不久的时间里，德・格瑞夫会取得更好的发展。只要怀着对产品的热情与喜爱，剩下的都会水到渠成，他确信顾客们能够在店铺的历史中感受到宝石制作人的心意。

德・格瑞夫秉持着经营店铺的心意，充实了每一个来访店铺的人的心，高贵宝石中所蕴含的永远的价值，在日后即将展开的德・格瑞夫的历史中，也会毫不动摇地散发出光芒。

1. 制作世界上独一无二的宝石

尊重个人喜好的德·格瑞夫，遵循着100%私人定制原则。来访店里的顾客会亲自挑选原石，然后参与到设计之中。专攻宝石精细加工的阿诺老板，在通过和顾客充分的对话后，会考虑到在产品上的每一颗宝石的尺寸和摆放方式，馈赠出专为一人设计的产品。

2. 使用最顶级的原石

德·格瑞夫每两周会去一次离布鲁塞尔一个小时距离的历史悠久的钻石交易市场安特卫普采买原石，他们会对尺寸、重量、透明度以及打磨技术进行确认，之后再在最顶级的产品中挑选最好的原石。

3. 精巧的手工艺

决定宝石价值的重要要素之一就是精细加工技术。原石都是由平均资力超过30年的精细加工工匠亲手一一打磨的，他们负责完成原石的打磨和贴合过程。因此，像这样制作一个产品平均需要3周的时间，从设计到精细加工100%纯手工完成的德·格瑞夫独有的宝石，拥有着独具一格的魅力，即便经历时间的洗刷也不会褪色。

4. 靠信赖一起经营公司的兄弟

现在店铺是由惠特曼兄弟来经营的，哥哥扎克·惠特曼负责营业，弟弟阿诺·惠特曼负责设计。当第五任老板离世时，曾经建议将公司卖给经营咨询公司，但兄弟俩选择继承家业。对市场动向有精准把握的哥哥以及设计独具一帜的弟弟相互信赖，一同创造着新的历史。

店铺信息

地　址	Rue au Beurre 24-26 Boterstraat 1000 bruxelles Brussel, Belgium
官网主页	www.degreef1848.be
电　话	+32-2-511-95-98
营业时间	周一至周五10:00-13:00 / 14:15-17:45 周六 10:00-17:45

终生品质保证，110年传统

美国随身携带小刀

巴克小刀

“用一把可以使用一辈子的小刀获得消费者的信赖，便是我们期盼看到的未来。”

——巴克小刀第四任老板希杰·巴克

在购物中心有单独店铺的人气超高的巴克小刀

位于美国西北部的爱达荷州是大部分区域都被落基山脉占据的多山地带，这里山高，还有着许多的瀑布和湖泊，完好地保持着大自然的美丽。由于地区的特点，这里盛行打猎和野营等休闲娱乐活动，还有专门出售户外用品的大型购物中心。热爱打猎的人尤其多，为了在艰险的山路上捕获猎物，就需要用到几样必备品，即随身携带的来福枪和小刀。

制作随身用小刀的巴克小刀（Buck Knives）人气旺盛，在购物中心里有自己单独的店铺。即便是在美国最大的刀具市场，这个品牌的知名度也相当之高，无论男女都会偏爱巴克小刀。小刀不仅用于野外活动，也可以用于日常生活。

巴克小刀于1902年开始营业。第一任老板霍伊特·巴克每周会制作25把刀，创造了巴克小刀的历史，现在这项传统的继承获得了认可。巴克小刀不仅在美国，对全世界的户外活动爱好者来说都是屈指可数的必备品，也已然成为了美国最棒的传统刀具公司。

和爱达荷的休闲娱乐文化一同发展

巴克小刀始创于1902年，由曾是铁匠铺见习生的霍伊特·巴克创立。而第二代老板阿尔·巴克于1963年开发了110种小刀，公司也迎来了跨越性的发展契机。但是进入21世纪，随着材料成本和生产费用的上升，他们也遭遇了危机，难以继续在美国国内维持生产。

2002年巴克小刀成立100周年，以此为契机，店铺从南加利福利亚州转移到俄亥俄州，为了继续能在美国国内进行生产，这也是不得已的选择。因为在加利福尼亚很难承受巨额的能源费用，相反，俄亥俄州、爱达荷州是靠水力发电，所以电费比较便宜。在经过了3年的准备之后，巴克小刀于2005年搬迁到了比俄亥俄州电费还低的爱达荷州，连同60名员工和100年的制作技术全都原封不动地转移了过来，大大地节省了费用，也和落基山脉城市爱达荷的休闲娱乐文化实现了一同发展。

巴克小刀的刀最重要的就在于刀的硬度和锋利。传承三四代是很普遍的，从父亲那里继承到儿子，一代人传给另一代人的巴克小刀，让100年的传承成为了可能。

巴克小刀所制作的不仅仅是单纯的刀，还是祖父送给子孙们的礼物，也承载着父辈的回忆。因此，传承了四代的巴克小刀精神就是父辈的一片心意。

第四任老板希杰·巴克

爱达荷州的优点在于只要走 10 分钟的路程，就可以找到如实战一般的野外测试地点。第三任老板和第四任老板以及第四任老板的儿子，三代人经常会一同到野外进行新产品的性能测试，因为亲自体验产品的性能和品质是最为重要的。作为在不久的将来即将上市的巴克小刀的新产品，这把刀上设计的新锁定方式还获得了发明专利。

现在是时候将自己对家族产业的热情传给孙子了。作为巴克小刀公司的第五代传人，希杰老板的儿子乔西·巴克在公司的库管部门工作，他常和父亲一同去野营或打猎。一家人能够对公司尽心尽责，引领公司向前发展，第三任老板恰克·巴克为此感到无比开心。即便不用说出来，必须传承好这份家业的使命感，也是全体家族成员所共有的价值观。在不久的将来，第五代传承人乔西会成为企业的老板，并会继续以家族独有的方式进行发展。

位于爱达荷州北部波斯特福尔斯市的巴克小刀

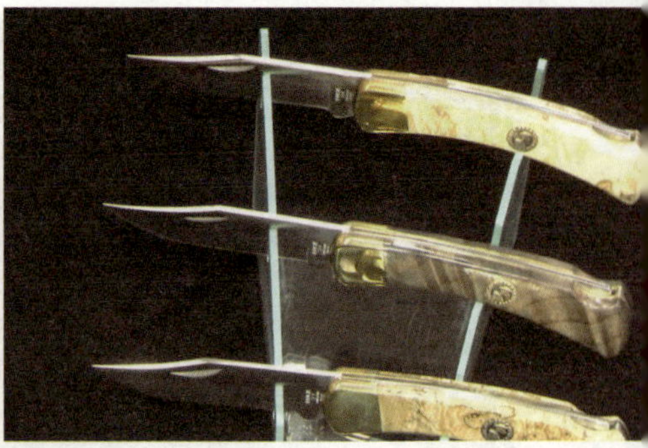
代表巴克小刀的“110”

传统会传承下去，但并不会刻意采用相同的方法，企业更希望新一代带头人有新的创意和经营方法，这也是因为企业的发展也需要迎合时代的特色。第三任和第四任老板正期待着与第五任老板一起迎来企业新的一天。

经历了110年时间的巴克小刀，是一家人共同研制出来的。具有功能性和独创性的小刀，一直以来都被打磨得锋利无比。巴克小刀的刀不仅仅是单纯的刀，还是凝聚着四代人努力的产品，并且是技术与时间的结合体。

巴克小刀的招牌产品——“110”

巴克小刀工厂位于爱达荷州北部的波斯特福尔斯市。从1902年制作第一把小刀开始历经110年，现在300多名员工制作的刀具，从打猎用到户外用、日常用、生存用等，按照不同种类划分共有100多个品种。这其中作为招牌的刀具就是折叠式刀“110”。

这把刀是第二任老板阿尔·巴克在1963年开发出的打猎用

折叠式刀，并于1964年开始出售，到2014年已经是第50年了。这是公司最强有力的主打产品，也是成就了如今的巴克小刀的产品。畅销的“110”引发了美国刀具产业的革命，也让巴克小刀成为了刀具制造领域的先驱者。在过去的50年中，这是全世界最为畅销的折叠式刀具。公司还制作了限量纪念版，反响空前，直到现在公司每天仍然生产1000把左右的“110”小刀。

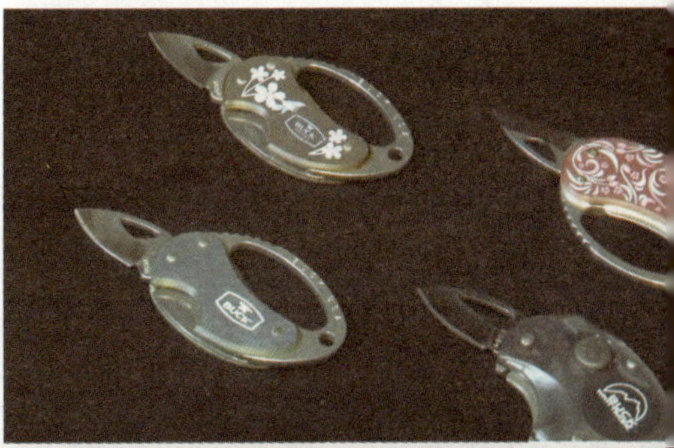

娇小独特的女性用小刀（上）
硬实的生存用小刀（下）

“110”不仅非常坚硬，而且还用黄铜减少到了适当的重量，最重要的是它非常漂亮，另外它还可以折叠，不仅携带方便还很安全。虽然实用性和设计方面都很出色，但这把小刀的最大的特点却在于锁定装置上。这种在弹簧的弹性作用下对刀刃进行固定的方式是跨时代的，这么一个独具匠心的创意，也让巴克小刀成为了业界最棒的刀具。

历经了各种的革新，他们做出了轻便又易于携带的打猎用小刀、娇小又设计独特的女性用小刀、多功能折叠式小刀以及为探险家和救助队设计的野外生存用小刀。根据刀用途的不同，所使

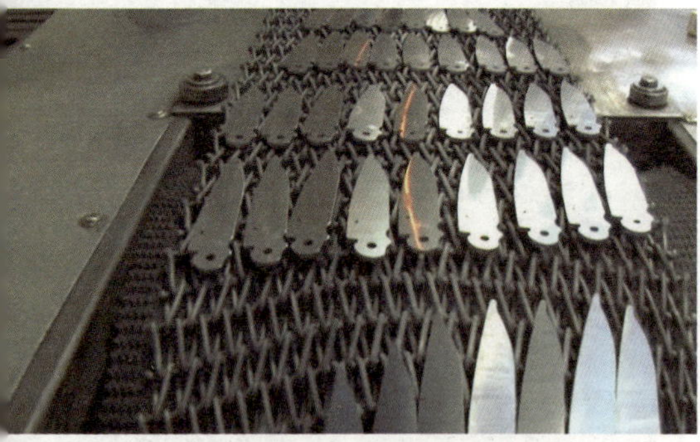

在约 1100 度下进行高温处理的刀刃

用的材质也会有所不同，野外生存专用小刀所使用的是强度和耐磨性极高的钢材。为了让一定厚度的钢材变成薄薄的刀刃，公司经历了不少实验失败过程，最终引进了激光切割技术。激光切割会在一个小时内生产 60 ～ 80 个产品，通过激光切割术，不仅减少了耗材的损失，而且还能实现精巧的加工以及大批量生产。

世代相传的小刀制作秘方

打猎用小刀或轻便的户外用小刀使用硬度较低的钢材，经过锻压后制作出刀刃的形状，再进入热处理的阶段。这是小刀制作的核心技术，也是从第一任老板时期就传承下来的秘诀，它在起着至关重要的作用。如果能够严格遵循热处理工艺，就能够收获非常不错的结果。

热处理总共分为三个阶段。将刀具从高温快速降到低温，之后再以中间适当的温度来收尾。之所以要进行热处理，是为了让刀变得足够坚硬。热处理还能让刀不容易折断、防止刀被腐蚀、提升刀刃的硬度、加强切割力。这种热处理方法也是巴克小刀所具备的超级竞争力。

在热处理过程中，温度及维持温度的时间极其重要。经过摄

确认刀刃坚硬度的过程

氏 1100 度的高温处理的刀具，其分子构造会变得更加强韧。把刀具加热到摄氏 1100 度高温后，立刻放入液态氮中进行快速的冷却，这就是能够改变结构的原因。即便是相同的材料，热处理的方法不同，刀的性能也会有所不同，所以热处理工艺极为重要。

经历高温和急速冷却后，将经过第三个阶段。将小刀长时间保持在华氏 370 ～ 375 度（约摄氏 188 ～ 190 度）的温度中，在这个阶段刀刃会变得更加坚固，如果不经历这最后一道工序，刀刃就不会有想要的那么强韧。

当各个阶段的热处理结束时，工匠会确认该工序是否进行顺利，对刀刃的坚硬度是否达到一定标准进行测试。刀刃的坚硬度越高，耐久性也就越高，一般的用激光处理的小刀坚硬到可以承受摄氏 55 度的温度，而巴克小刀则会维持在摄氏 58 度。每 200 个携带用小刀加工完毕就需要进行一次检查，而大刀则是 50 至 100

个检查一次各种数据，如果发现坚硬度不够，就会从第一道热处理工序开始重新进行一次，直到刀具变得完美为止。

热处理结束后，就会进入刀刃的处理工序。这就是给刀开刃，让刀刃部分变薄、变锋利。这道工序最重要的就是将双面刀刃的宽度做到相同。

刀刃加工的收尾工作为研磨工序，在这道工序中刀刃的角度非常重要，如果一边是 13 度，那么刀刃两面就是 26 度。

如果想要将手上的压力减少到最小，而将切割力度放大到极致，那么 13 度就是最适合的角度。找到最为锋利的角度是巴克小刀多年的经验和研究的成果，也是巴克小刀从 2000 年开始确定的统一标准。小刀制作完成后，要在刀面上雕刻可以识别产品的固定编号，这也是日后制作产品质量数据统计的需要。

以用户的立场制作的刀

刀体制作完成后就是制作刀柄，巴克小刀刀柄所使用的材质种类丰富多样，有动物的角、从白桦树等天然材料中提取制作的塑料，甚至还有铝。使用鹿角作为刀柄，不仅非常坚固，手感也非常好，在刀具爱好者中人气相当高。

需要特别刀具的顾客可以在这里进行定制，从刀刃的形状到刀柄都可以定制。刀柄的材料超过数百种，接受特别定制后，就需要寻找一些特定的材料。这些材料有一些公司就有，但大部分需要订购。

在这里，只要有需求就可以进行定制，从珍珠、象牙、贝壳等华丽的刀柄到设计到独特的刀刃都可以定制，做成世界上独一无二的刀。巴克小刀最近正在用全新材质的刀柄制作刀，这是用一种叫石纸的纸质材料制作而成的。石纸主要用于建筑方面，这种材质不仅坚硬，而且耐久性很好，这也是巴克小刀迎接未来全新挑战做出的努力。石纸非常耐热耐湿，所以可以制作出非常不错的刀柄，而且这种纸还可以循环利用，所以也是非常环保的。可以为顾客定制的“巴克小刀”随着时代和环境的变化，刀的设计也会变化，但核心就在于强大的功能，因此在巴克小刀的设计上，重要的一点就是很好地实现产品的功能。为此公司也在和生存游戏、钓鱼、打猎等丰富多样的各领域专家进行着合作，在开发新产品时，还会邀请休闲活动专家参与设计会议，公司各道工序的负责人也会一同参与，聆听他们的建议，并将其反映在工作过程中。他们在现场使用道具，经验可以算是最棒的创意。

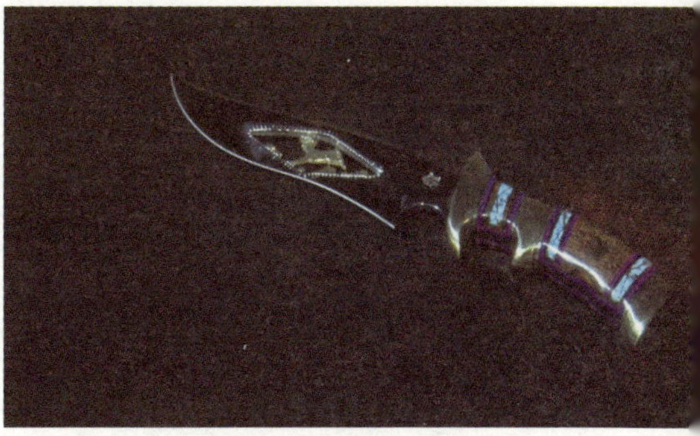

为满足客户需要制作的小刀

正在开发女性用小刀的凯伦·胡德和丈夫曾是一同活动的著名生存专家，她打算设计出女性和男性可以一起使用的多功能刀。虽然女性的手比较小，但是男性中也有一些手比较小的，所以可以一同使用。另外刀具还包含了生存所需的内容，比方说可以在野生环境下提供帮助的类似指南针的功能。

她在一年前离世的丈夫伦恩·胡德的建议下制作了生存用刀，考虑到功能性的精细设计就是这把刀的特征所在。因为野生用刀有着各种功能，所以刀柄的部分还可以当锤子使用，其中还加入了可以削骨的部分，另外为了将手提小锅可以放在火上烤，在刀背的部分还挖了孔。

还有一种重视功能的刀具。和其他刀具相比，这种小刀更强调刀柄部分的功能，刀柄上的一些部分会让手指在拿握的时候更舒适。这是典型的伦恩·胡德的设计。另外刀柄和刀刃相连接的部分也设计得比较容易抓握，让刀刃向前戳刺或转动的时候可以支撑住手。

之所以能够出现这种考虑到用户易用性的设计，就是因为员工们也会实际体验休闲活动。员工们会在现场亲自体验，从中获得的知识和创意是开发巴克小刀革新性新产品的原动力。

让顾客更长久地使用刀具

在巴克小刀的工厂搬迁后，公司一边宣传，一边开始了公开制作过程的参观学习项目。申请来访的人会在这里邂逅巴克小刀110年的历史。巴克小刀在面临危机之时从未停止过制作，这里的技艺从父亲传给儿子，又从儿子再度传给了下一代，他们毕生所坚守的唯有一件事，那就是终身保质制度。

终身保质制度开始于巴克小刀创立之初，他们约定只要购买一次产品，就能保证顾客终身使用，刚开始这种终身保质制度时，公司通过广告的形式将这一承诺告知了许多人。人们被这种制度所吸引，采购这里的产品，等到实际使用过，确认过这里的品质后，渐渐成为了忠实顾客。终身保质制度现如今已经成为了巴克小刀闻名世界的优势。

刀的修理工作由拥有36年经验的大卫负责。有时候他们也会收到一些年代久远的小刀，之前就曾碰到1967年购买的刀拿来这里修理的情况，即便如此他们也会将刀刃完全换成新的。

像这种使用途中出现问题的刀大部分都遵循无偿修理的原则，但是因故意毁损或误用滥用而造成的损害就需要支付材料费修理了。

虽然几乎没有修理费，但他们也从顾客那里收获了宝贵的奖励。人们常常会送来感谢信或卡片，收到修复得完美无缺的刀具后人们心中的感谢之意全都呈现在信件之中，这也是大卫会继续从事这份工作的原因所在。将刀具修理得完美无缺，让人们从中感受到快乐，这便是他所能体会到自豪感。与其出售更多的全新产品，巴克小刀更真切地希望人们能够长久使用他们的刀。

历史千般回转，祖父将刀具传给了孙子，而孙子又将这些传给了他的儿子，有时孙子也会负责修理祖父所卖的刀具。这一把把刀具中蕴含着一个家族的历史，而这种打磨刀具的手艺也为刀具创造了全新的生命。大卫表示，修理一把老刀会让他心潮澎湃，这种心情绝对不亚于一把新刀的制作。靠着大卫这双巧手，使用多年毁损的刀具也能焕然一新，持续再使用 50 年。

通过巴克小刀的终身保质制度，它们再一次成为了闪闪发光的新生事物，依然保存着第一次使用时的那种满足感，这便是巴克小刀得以传承 110 年传统的秘诀。

1. 革新和新产品开发

第二任老板阿尔·巴克所开发的折叠式小刀“110”是世界上销量最好的小刀，巴克小刀借助弹簧的弹性，将固定刀刃的锁定装置安装在“110”上，引发了美国小刀产业的革命。之后这里也不断进行着革新，创造着各式各样的小刀，包括非常轻便且易于携带的打猎用小刀、娇小且设计独特的女性用小刀、多功能折叠式小刀以及为探险家和救助队所设计的硬实的生存用小刀等，这也造就了其现如今的名声。

2. 世代相传的制作方法

巴克小刀之所以坚硬又优质，多亏了从第 1 任老板那里流传下来的秘方。首先要严格遵守热处理阶段最重要的两个条件，那就是温度和保持温度的时间。另外在研磨刀刃的过程中，还要保持多年经验和研究所找到的最佳的角度。按照这种方式制作而成的刀拥有着始终如一的引以为豪的最佳品质，顾客也会世代相传地使用巴克小刀。

3. 以专业登山人的经验为基础的设计

巴克小刀会以登山人等专家的使用经验为基础制作刀具，用户的实际经验在刀具的制作中起着至关重要的作用。在这种铁律之下，公司会在开发新产品之前和他们不断召开多次设计会议，而员工们也会从实际的野外活动中获取经验，之后再放入到设计中去。和刀具的外形相比，这里更重视其功能，在设计的同时会将功能放大到极致，在这一信念的支持下设计出了便于使用的小刀。

4. 保证终身保修的以顾客为中心的企业

巴克小刀的所有产品都引入了终身保质制度，保证终身保修，这是从第一任老板时期就流传下来的与顾客的约定。只要是在这里购买的产品，就会希望顾客能够长久地使用下去，而为顾客带来满足感的这一制度也会让顾客再一次购买巴克小刀。

店铺信息

地　　址　660 S. Lochsa Street Post Falls, ID 83854-5200 USA

官网主页　www.buckknives.com

电　　话　+1-800-326-2825

用传统技术完成的现代风情

德国帽子名店
胡特夸尼希

“我们不仅会坚守作为基础的传统，还会坚持不懈地推动发展，做出适应时代的变化，这便是我们的目标。”

——胡特夸尼希第五任老板安德洛亚·努尔山

德国唯一一家手工制帽店胡特夸尼希

蓝色多瑙河流经的德国城市雷根斯堡，完好地保存着中世纪的遗迹，这里曾是神圣罗马帝国时期的政治中心，并因此被列为世界文化遗产。在位于雷根斯堡城市中央的最大的集市广场，可以邂逅风情万种的都市绅士。当询问戴着浅顶软呢帽的绅士是在哪儿买的帽子时，他们纷纷指向了胡特夸尼希（Hutkönig）。

以德国国内唯一一家手工制帽店而闻名的胡特夸尼希代表着"帽子之王"，与其名声相符的是，这里不仅有各国王族、名流光顾，还因制造出教皇本笃十六世所喜爱的帽子而更加闻名。从敦厚的男性帽子，到装饰华丽的女性帽子，胡特夸尼希出售的帽子足足多达 12000 多种。

这里的手工制帽都诞生于技术传承了五代的工匠们的指尖，从祖辈就开始沿袭下来的制作方式始终如一，正是因为所有的方式都从未改变过，所以这里的帽子才很特别。

胡特夸尼希是在雷根斯堡手工制帽出售的一家专卖店。

传承了五代的家族店铺

店铺由努尔山兄弟共同负责。哥哥罗伯特·努尔山负责顾客管理和市场营销，弟弟安德洛亚·努尔山则是位制作帽子的工匠，他的母亲贝尔塔·努尔山也在公司工作了65年，一直负责销售，他的女儿贝蒂娜则负责帽子的装饰。从眼见着就要八十岁的祖父到二十四岁的小孙女贝蒂娜，在过去的137年胡特夸尼希都是和家人一起走过来的。和店铺一起走过了漫长岁月的人不仅仅是家人，约瑟·杰克是从大概40年前就开始购买胡特夸尼希帽子的熟客。他每年会在这里购买两个帽子，冬天买一次，夏天买一次，这是因为这里提供了令人满意的咨询服务、品种繁多的帽子以及亲切的服务。

店铺的二楼是帽子仓库，这里挂着从第一任到第五任到今天胡特夸尼希所制作的招牌帽子，这些都是千金难买的具有历史性的帽子和传家之宝。

1880年制作的丝绸材质的折叠式帽子夏普克朗，就是130多年前为了减少乘坐马车的绅士们行李的体积而使用的帽子。这里还有着店里为教皇本笃十六世所制作的帽子，这顶里面写有“本笃十六世”的帽子是五年前为庆祝教皇80岁生日而制作的。

生于雷根斯堡的教皇和他的兄弟们从很久之前就一直很爱使用胡特夸尼希的定制帽子。

每天晚上，结束了繁忙的工作的家人齐聚一堂，召开家族会

一起规划着店铺发展的努尔山兄弟

议，传达每一天顾客对店里的评价。有时候一天可能会分享多个顾客的评价，讨论帽子的制作方向。因为在正式开始工作的之前一二周，需要提前收集好相关的信息，由此决定制作工序，因此开会的步骤是极为重要的。

30年前祖父突然离世，小小年纪就代替他掌管店铺的两个儿子，现在已经可以毫无障碍地做好自己的工作，但母亲依然颇为担心。

她希望两个儿子做到完美，虽然还是有许多需要改善的地方，有时候双方的意见也会有偏差，但幸好都能够及时找到解决方案，因为大家的目标都是一致的。

“因为四处都波涛汹涌，所以一定要把好船只的平衡，这就是问题所在。经营一家大企业，需要耗费极大的费用和时间，我们认为能够经营一家小规模的店铺是我们的幸运。”

成为帽子制作根基的“木质模具”

正如安德洛亚所说，小规模家族企业的经营对他们来说是极大的优势，和壮大规模的野心相比，他们更看重保持家族经营的模式和恰当的规模，所以它才能够存留多年。

使用顶级材料、经历无数制作工序

帽子是在经历了70个阶段的制作工序后诞生的。为了符合数千种不同原材料的性质，工匠必须考虑耐久性、保温性以及融入时尚潮流的设计，之后才完成了这一顶顶帽子的制作。

在制作帽子之前，工匠首先要做的事情就是挑选木质模具。这里拥有着大概10000个模具，这些模具是从创业之初制作并使用到现在的为帽子定型的工具，通过模具制作出符合顾客需求的帽子。手工制帽工匠的技巧也全都融于了这挑选木质模具的工作之中。比方说，要想制作62码的帽子，就需要使用63码的模具，因为在制作的过程中，帽子的尺寸会有所减小。

在挑选完木质模具后，安德洛亚来到工作室的地下，这里就是胡特夸尼希的材料仓库，存放着加工羊毛和兔毛后制作而成的约10万种布料。胡特夸尼希会从南非及澳洲等地随时引进优质的材料使用。在这里贮藏使用的原材料大概是从100年前开始一

将脱水的帽子放入蒸汽桶中蒸的过程

将变得柔软的布料进行拉伸的过程

直到现在收集回来的，这其中令胡特夸尼希称道的顶级材料就是从过完冬的兔子背上取下来的毛料，这种柔软又厚实的兔毛就算遭受到雨雪的打击，也不容易毁坏。

兔毛类似于人的汗毛，硬实又扎根很深，所以水无法渗透进去。羊毛虽然柔软，但不够密集，所以水有时会渗透到毛与毛的间隙之中，因此羊毛会吸水 90% 左右，而兔毛只会吸水 20%。

好帽子的第一个条件就是要耐水。为此，在为帽子定型时，水是胡特夸尼希使用的必备要素。首先将毛毡浸湿再脱水后，放入蒸汽桶中蒸煮，让帽子吸收蒸汽桶中的蒸汽后，毛的组织就会变得松散一些，而在蒸汽桶内用灼热的蒸汽蒸上大概 10 分钟，会让布料比之前柔软两倍。

接下来就要开始正式进行帽子定型工作了，第一个阶段就是将变得柔软的布料进行拉伸，在这道工作中使用的机器形状有些特别。这个通过脚来调整强度拉伸布料的机器是从 70 年前就开始使用的古董，这个机器无法制作出精致的圆形帽子，只能制作出简单的椭圆形，更为细致的工作就只能通过手工完成了。

手工制作而成的坚固的帽子

除了使用粗糙布料的之外，大部分帽子的定型工作都是手工拉伸完成的，在超过摄氏 100 度的灼热蒸汽蒸烤后，将帽子罩在木质模具上，手工拉伸帽檐的部分，这时候帽子会被拉伸大约 2 厘米左右。像这样手工完成拉伸的帽子需要再次干燥 24 个小时，越是加热进行干燥，表面就越会收缩，料子空隙也会消失不见，如此一来就不会再吸水了。

在进行干燥之前，帽檐大约有 11 厘米，但干燥完成之后，就会缩小为大约 9.5 厘米。在加热拉伸并进行再次干燥的过程中，帽子会缩小，其料子也会变得更加坚固。像这样经历多道手工过程之后，就完成了百分之百不会变形的帽子。就算是用水龙头里流出的直流水淋得湿湿的，帽子的形态也不会有所变化，里面也不会吸水；就算下雨，也能坚持在 4 个小时内不让水流渗透进去，这便是工厂所制作的帽子和手工制作帽子之间的差异。

自 1875 年创业以来直到今天，胡特夸尼希已经走到了第五代。一直以来只坚持手工作业的胡特夸尼希在经历了 137 年的今天，成为了德国国内唯一一家使用传统手工技术的制帽店。在现如今所有人都追求机械化的情况下，之所以会依然坚守手工作业，就是因为他们相信人所使用的物品必须是人手工制作完

越是反复进行加热拉伸的过程，帽子就越坚固

成的。

光是帽子的定型工作平均就需要耗时三天，等到定型完成之后，就需要梳理掉不需要的毛，将细微的灰尘洗涤干净，将帽子的表面打磨光滑。在工作的时候，虽然不想用手去揉搓脸部，可兔毛却总是吹到空中，落在脸很痒痒，这是份需要坚持 12 小时以上的辛苦工作。传承传统的工作并不简单，但也别无他法，虽然也可以选择用机器制作出漂亮的帽子，却无法保持帽子良好的性能。因此，好的帽子必须要手工完成。

等到帽子的装饰完成，最后就需要再次用蒸汽熨平帽子上的皱纹，这样制作一顶帽子所需的工序才算完成。

像这样需要整整三天靠手工作业完成的帽子，平均售价为 200 欧元，折合成韩币就是约 30 万元（约合人民币 1500 元）。

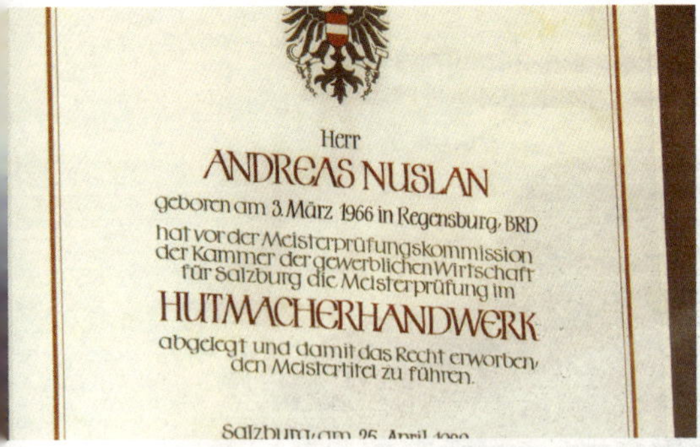

经历 8 年的学习，安德洛亚成为了男用帽子制作技师

一同走过多年的员工们

每天早上罗伯特都会去距离店铺 10 分钟车程的胡特夸尼希工作室，这就是罗伯特的弟弟安德洛亚·努尔山制作帽子的地方。罗伯特将采购订单交给安德洛亚，店铺里销售的所有帽子都是经安德洛亚之手制作完成的。

充满工作自豪感的工匠安德洛亚在 30 年前，也就是他 15 岁时踏上了前往奥地利的留学之路。在经过 8 年的学习后，他终于获得了男用帽子工匠的认可，接着在 2 年后，他还通过了女用帽子工匠的考试，成为了代表欧洲工艺的帽子工匠。

在安德洛亚 15 岁的时候，当母亲询问他长大后想做什么时，他就曾回答过除了帽子工匠不想其他什么，他从小就在制作帽子的工坊里玩耍长大。看来他当时的决定到今天也是未曾改变。

在胡特夸尼希工作的工匠不只有安德洛亚，拥有 20 年经验的托米扎·辛德拉负责帽子的装饰和材料的管理，她还保管着店里的另一样传家之宝，那就是祖先们曾经使用过的镶边。因其质地优良，一直使用到现在。

平均经历了 50 年岁月洗涤的材料，都是胡特夸尼希的工匠在店铺经营困难时期为下一代所提前采购好的。有些是 1964 年生产的，还有些比 61 岁的托米扎的年纪还要大。用世代传承下

经历了 50 年岁月洗涤的材料

来的材料为帽子做装饰的托米扎，对自己这份同时在创造着店铺历史的工作，有着与众不同的自豪感。

在胡特夸尼希工作的大部分员工在 65 岁退休之前，平均都会工作 30 年以上。如果愿意，在 65 岁以后和老板商议之后还可以继续在这里工作。在这家公司工作了 50 年的员工埃勒纳·卡斯诺就告诉我们，自己曾在小时候给罗伯特老板换过尿布。单纯靠经验积累而成的工匠的技巧，就是造就了胡特夸尼希历史的真正力量。

罗伯特老板以这些老员工为荣，因为将专业的知识传授给员工之后，员工们会持续发展，并传授给其他的员工。正是因为多年来他们一起并肩走过，才会不失责任感，将这些技术很好地传承下去。

测量头部大小的使用多年的器具“昆珀玛图尔”

让顾客满意的经营哲学

拥有 137 年历史的帽子名店胡特夸尼希追求的唯一宗旨，便是帽子戴在顾客头上要显得美丽。每天店铺开门营业，店员都怀着希望顾客来店里戴上帽子感受快乐、收获自信的期待。

直到现在，胡特夸尼希依然保存着一个名叫“昆珀玛图尔”的器具，它是用来测量人的头部大小的。这个长得像帽子的器具，戴在头上固定之后，就可以测量出头的尺寸。100 多年前，祖辈们不仅用这个器具测量头围，还能测定出每个人不同的头部形状。根据每个顾客不同的特性来制作帽子的店铺的哲学，蕴含在了这个使用多年的器具之中。这种让顾客满意的哲学，并不是一瞬间形成的，而是世代相传下来，早已成为了一种习惯。

我们在做衣服的时候，偶尔会需要调整裤腿的长短或袖子的长短，而这里也会根据个人的状况来定制帽子。为了制作出符合每个顾客个性和个人喜好的帽子，店里付出了诸多的努力。

每天分毫不差地在早上 9 点上班的是兄弟俩的母亲贝尔塔·努尔山。一旦到了新商品入库的那一天会变得更加繁忙，她每天要做的第一件工作就是陈列商品。已经坚守店铺 63 年的贝尔塔是唯一一个将 12000 种帽子的陈列位置全都能记下来的员工。贝尔塔的另一项工作就是为顾客提供咨询，咨询的目的并非销售，对于不怎么戴帽子的人而言，他们并不知道具体要怎么佩戴帽子，而贝尔塔就会为他们提供很好的建议。

有时为了清洗帽子，客人也会登门拜访。用酒精将帽子清洗干净也是胡特夸尼希服务项目之一，即便是使用了 20 年的帽子，罗伯特老板也会诚心诚意地帮忙整理帽子。胡特夸尼希的服务是没有有效期的，为顾客所提供的服务也是胡特夸尼希最为看重的经营哲学，让顾客满意就是从这些环节开始的。

另外胡特夸尼希从 40 多年前开始提供上门服务。为了给身体不适或事务繁忙的顾客提供方便，罗伯特老板也会亲自登门拜访，收到帽子的订单后为其提供送货服务。为了保护帽子，店里还专门制作了包装盒。通过这些服务项目，胡特夸尼希获得了难以用金钱衡量的顾客们的信赖。订购自己心仪的产品并且亲自送货上门，这可是顾客能够获得的最顶级的待遇。通过送货服务，亲自从顾客那里收获意见，也会随时地反映到产品的制作之中。

制作保留了顾客个性的帽子

“在店铺传承超过100年的时间里，虽然传统起着非常重要的作用，但不止步于过去，根据变化实行创新也是至关重要的。”

正如罗伯特所说，因为这137年来始终如一的坚持，胡特夸尼希才得以走出德国，备受全世界人们的喜爱。虽然胡特夸尼希采用传统制作方式，但也从不避讳要紧随时代的变化。进入20世纪，女用帽子市场急速增长，流行趋势也瞬息万变。因此，胡特夸尼希从12年前开始雇佣了单独制作女用帽子的专家，他就是女用帽子工匠，也是首席设计师梅拉尼。

和看重实用性的男用帽子不同，女用帽子的价值取决于设计。用鸟的羽毛、动物骨头和皮毛装饰的胡特夸尼希每年都会推出3000多种全新的设计。

包括梅拉尼在内，设计工作室里有3名员工，但设计理念全都不同，公司会放开让工匠们根据自己的个性自由设计。与公司所想要的相比，他们更看重的是满足工匠的创作欲望。如果他们的设计全都相同，那么总有一天顾客会选择离开。胡特夸尼希的女用帽子，不仅充满复古风情，而且还设计精巧、口碑极佳。这是因为他们尊重顾客以及制造帽子的工匠的个性，也符合时代的潮流。充满了个性的胡特夸尼希的帽子，造就了现代流行风尚。

在传承了137年的传统技术上，增添了现代之美后创造出的帽子，会随着时间的流逝而更加闪耀。在德国，帽子就如同流行的宝石一样，最近人们再次开始戴帽子，帽子也成为了吸引女性关注的商品。持续不断地尝试着变化的胡特夸尼希的挑战精神，也成就了另一个果实。

《爱丽丝梦游仙境》中强尼·戴普所戴的帽子，也是胡特夸尼希的产品

两年前，胡特夸尼希曾为好莱坞电影公司制作帽子，这顶帽子就是电影《爱丽丝梦游仙境》中强尼·戴普所扮演角色的帽子。以这次工作为契机，店里获得了享誉世界的声誉。因为这里不大批量生产，而是仅单纯地靠手工作制作帽子，所以才得以满足需要制作独特帽子的电影公司的需求，之所以能接下这样的订单，也正是岁月和坚持所造就的。

到了深夜，安德洛亚偶尔会坐在书桌旁，设计世界各国的顾客所订购的帽子。相信在不远的将来，兄弟俩想要告诉全世界手工制帽的卓越性的梦想就能够实现。胡特夸尼希计划参加由 300 多家企业参与的德国帽子博览会，以此来拓展全新的顾客群体。

安德洛亚希望如果可能，要将帽子卖给全世界所有人。他自信地认为只要员工们齐心协力勤劳工作，就能够做出帅气的帽子。为此，当下为顾客制作出帅气的帽子是非常重要的，也许需要 5 年或 10 年，又或者更长久的时间，即便如此兄弟俩也绝对不会放弃。

“将从父母和祖父母那里继承到的珍贵传统，传给下一代并保持下去是非常重要的。而且如果顾客在50年后再次戴上胡特夸尼希的帽子，还能体会到类似现在的心情，那样就再好不过了。”

胡特夸尼希并不止步于传统，而是坚持不懈地向着未来发展，和再现过去相比，他们更想要诠释现代。因为他们相信不止步不前、保留现代的特点、让同时代的顾客满意，才是走向未来的唯一之路。为了制作出让顾客闪光、让顾客满意的帽子，直到今天，胡特夸尼希家族依然以与过去一样的心境坚守着各自的岗位。

1. 为每一个人定制的帽子

胡特夸尼希有一个名叫“昆珀玛图尔”用来测量头部大小的年代非常久远的器具，祖辈们会先用这个器具测量顾客的头围和头部大小，再根据顾客每个人的特点来制作帽子。

2. 让顾客满意的服务

第五任老板的母亲贝尔塔负责为顾客提供咨询，其目的并不在于销售。因为如今的人对帽子并不太熟悉，所以她会给出建议，告诉大家如何戴帽子才有型。另外只要顾客将在这里买的帽子拿过来，店里就会帮忙用酒精清洗。从40多年前这里就开始为顾客提供一对一的拜访服务，为了那些身体不适或事务繁忙的顾客，店里都会亲自登门拜访，接受帽子的订单并提供送货服务。

3. 手工作业制作而成的坚固的帽子

胡特夸尼希的帽子之所以出名，其原因就在于手工制作，帽子的制作总共会历经70多个制作工序。根据数千种原材料的性质，还会制作出兼具耐久性、保温性以及设计潮流的产品。

4. 以坚而不催的纽带关系为荣的家人和员工

胡特夸尼希是家族企业，哥哥、弟弟和母亲都在各自的领域工作，可以针对当天的工作分享各自的意见，这就是家族企业的长处。另外店里工作平均有10～20年的员工，也被视作家人，和员工的沟通并不是上对下垂直的，而是在一条水平线上。这样的家族经营理念，就是胡特夸尼希能够度过艰难时期并走到今天的最大的原动力。

5. 开发迎合时代的产品

从20世纪90年代开始，为了满足快速增长的女用帽子市场，胡特夸尼希雇佣了女用帽子的专业工匠，全力投入在新产品的开发上。另外随着好莱坞电影对其配件的使用，也使其名声大噪。他们也参与德国举办的博览会，尽力宣传自己的产品。现在他们正不断开发出保留现代风情的设计，制作着世界性的手工帽子。

店铺信息

地　址	Krauterermarkt 1 D-93047 Regensburg, Germany
官网主页	www.hutmacher.de
电　话	+49-941-51840
营业时间	周一至周五9:30-18:00，周六 9:30-16:00

为了舒适的睡眠历经182年研究

日本寝具公司

岩田

“想要保持企业经久不息，首先就要为顾客着想，和制作的人相比，顾客的想法更为重要。”

——岩田第五任社长岩田有史

SINCE 1830

IWATA

KYOTO

位于京都柳马场通御街的岩田

根据日经指数产业地区研究所的调查，62% 的人对自己的睡眠不满或苦恼，另外根据 NHK 电视文化研究院长时间的调查，日本人的平均睡眠时间有逐渐减少的趋势。以此为依据进行分析发现，因经济不景气带来的社会不安情绪和压力，无法获得优质睡眠的人数还在不断增长。可能是因为这种现象的存在，日本的睡眠商品市场在不断扩大，引导睡眠的床垫和沐浴产品等的需求也在不断增长。

压力超大的现代人会越来越对舒适的睡眠提出要求，从某个角度来看这是再自然不过的事情。在韩国，“寝具不是家具而是科学”的广告也是讨论了很长时间的话题。

可是在日本京都，人们在 100 年前就已经领悟了“睡眠就是科学”的道理。那里有着一家研究人类的睡眠、为顾客的舒适睡眠制造产品的公司。这就是不仅仅简单出售被褥，而是出售优良睡眠的寝具公司岩田。在这座传统与现代共存的城市京都，“柳马场通御街”就如同从古老的过去走来。而位于这条街道上的岩田创立于1830年，在之后的1964年，他们在日本首先开发出了“防绒”布，也就是一种编织得极为细密、防止羽绒露出来的布，之后他们便正式开始生产防绒产品。和采用树脂涂层方式的店铺不同，这里采用的是日本产的100%纯棉，并采用纯自然的加工方式，因此获得了诸多顾客的喜爱。让人们做上美梦的寝具公司，对睡眠科学的研究长达182年，它究竟实现了什么样的梦想呢？

传承祖辈的热情

岩田是京都的一家小型被褥店铺，创立于1830年，后来创造了羽绒专卖品牌。到20世纪20年代之后，店里开始研究羽绒被，迎来了转折点。从1889年到1940年，经营岩田的第三任老板岩田市兵卫，最先对羽绒被产生了兴趣，并开始进行研究。

但是因为味道和霉菌的关系，羽绒被的商业化耗费了较长的时间。当时在日本，对制作优质羽绒的方法并没有一定的标准，连检验方法都不存在。因此，岩田必须从基础开始一点点做起。第五任老板岩田有史就表示，自己的父亲和祖父当年热衷开发羽绒被的一幕幕仿佛就在昨天。祖父将水和羽绒放入水桶之中，父亲就用棍棒搅拌清洗，接下来就是要烘干羽绒，反复确认是否有味。

有史老板的父亲在成为第四任老板的同时，也传承了第三任老板对羽绒被的热情。多亏了持续不断的研究，他们才得以开发出日本首个羽绒织物。现在到第五任老板，三代传承的努力实现了对品质的管理，也让品质获得了认可。包括羽绒的去尘技术在内，如今岩田共获得了50多项专利。

第五任老板岩田有史

1963年店里还开发出了羽绒不会露出来且能够水洗的“防绒”布，并成长为羽绒被专卖店。之后店里用骆驼毛、牦牛毛等天然材料，持续不断地开发出寝具及功能性枕头等新产品。

羽绒被保温性和吸湿性极佳，且很轻便，是最适合做用来盖的被子，这是100年来三代人共同努力研究收获的结果。因此，有史老板才会表示，即便问自己经营100年店铺的秘诀是什么，自己也无法回答，因为这并不是他一个人完成的。

“他认为能够持续热卖的商品，并不是一代人能创造出来的，相同的商品只有持续销售超过30年以上，才能成为持续热卖的商品。”

能够成为代表公司的热销产品和固定销售单品绝非易事。一代代经营岩田的老板并没有只考虑眼前的成功，大部分人是活不过100年的。因此，超过100年的历史可是祖先们着眼后代反复研究汇聚而成的。

不管是老板还是员工全都是睡眠专家

舒适的睡眠取决于安逸的寝具。在诚心诚意的手法和娴熟精细的手艺下做出的被子，预示着一天的安宁。岩田不仅出售产品，还为顾客出售优质的睡眠，这就是公司的哲学。

“好的被子、好的寝具、好的床铺，只有在使用的时候才能感觉到舒心自在。我认为让大家在早上起床的时候倍感爽快，才能让大家抱着今天要认真工作的想法起床。”

因为有了这样的想法，有史老板在20年前就开始对睡眠进行研究，当制造被子的人提出要研究睡眠时，也曾遭遇了周围不少的嘲笑。即便如此他还是遇到了一个开始研究睡眠的契机。

那是20年前举办新商品发布展示会时，一个新员工说：“今年一样新商品都没有。”有史老板问这是什么意思，员工回答说：“只是花纹和里面的材料不一样而已。”有史老板听闻之后，开始对寝具的性能和作用进行思考，而答案就是睡眠。寝具是睡眠工具，他领悟到之前自己对睡眠问题没有研究就制作了产品，并为此进行了反省。从那时候开始，他就决定要优先研究睡眠和睡眠科学。

现如今他已经成为了睡眠专家，在《每日新闻》开设了睡眠专栏并已经连载了11年，而直到现在，他的办公室中依然堆满了有关睡眠的书籍。有史老板对学习的热情也反映在了员工们的身上，所有员工都接受了睡眠知识方面的培训，成为了为顾客提供舒适睡眠的顾问。

岩田在滋贺县的工厂二楼配备了研究中心，这就是“睡眠环境学院”。学院里的房间都是用岩田的产品装饰的，可以让新员工在这里亲自进行生活体验。这个研究中心是第四任老板创立的，为的是在制作羽绒布的初期，让大家可以亲自感受公司生产的羽绒被，并好好学习这方面的知识。新员工会在这里度过两个月，使用并比较公司的各种产品。

优质寝具的制作源自对产品的态度，这是有史老板的想法。因此，有史老板会亲自对寝具、睡眠、纤维等方面的知识开设讲座，倾注全力对员工进行培训，为的就是教育员工在制作寝具之前，懂得关于睡眠的基本知识。新员工要了解和会使用岩田的所有产品，这样一来员工也就有了从顾客的角度去思考的机会，在对专业用语熟悉之后再来到工作现场，就会自信了许多。

在员工们结束了睡眠环境学院的所有课程后，必须经过考试，合格后才能被认可为“睡眠改善讲师”，应用到实际的工作中去。对于有睡眠障碍的人而言，“睡眠改善讲师”会给出有效的建议，帮助他们快速入眠。员工们全都拥有这一资格证，让所有员工都成为睡眠专家，这就是岩田的经营哲学。

体验后再购买的寝具

以天然素材而闻名的岩田的标志性产品羽绒被，设计制作时充分考虑到了季节和地区的不同、温度和湿度的差异等因素。例如京都夏季炎热潮湿，而根据这一气候特性制作的有助于睡眠的被子，则会引起人们的关注。虽然某些产品是岩田的顶级商品，他们也不会轻易出售给顾客，反而会更加为顾客着想，让顾客可以更加慎重地挑选适合的商品。

公司二楼配备了一间睡眠体验室，如果在一楼店铺里看到了心仪的寝具，就可以来这里亲自躺下体验，确认是否舒适。因为在购买之前，可以像实际睡觉时那样体验寝具，所以顾客的满意度也相当高。员工们会仔细地问询，了解顾客的睡眠习惯、生活习惯、睡眠环境等，之后再为其提供适合的寝具。另外他们还会在改善寝室环境和生活习惯上，为营造最佳的睡眠环境而给出建议。

因健康问题而影响睡眠的人也很多，一些不想亲自体验而挑选寝具的顾客，在经过员工的讲解并实际体验的同时，也逐渐了解了寝具的重要性。

体验室里配备着各式各样的寝具。这些寝具材质的手感和柔软程度都不同，大家可以根据自己的喜好和健康状态，挑选出最适合自己的寝具。这有很多让人们能够舒适睡觉而细心制作的寝具。对睡眠姿势影响极为重要的枕头也种类繁多。其中有一个枕头，外表看来和其他枕头没什么两样，但其实枕头套里却隐藏着秘密。横向分开的三个部分由一个枕套包裹起来，三个部分的中间支撑头部，两端则支撑颈部，支撑头部的部分则更为柔软。

这里还有着睡觉时可以抬腿放置的三角形枕头，只要稍稍抬起膝盖，脊椎的曲线就会变得更缓和，周围的肌肉也会放松。另外还有一些枕头是可以抬腿放置或夹在两腿之间的，特别是当产

公司二楼配备的“睡眠体验室”

妇侧卧时，压力就会加大，这时候如果将腿抬高放在枕头上，就会减少一定的压力。如果不了解这些知识，这些枕头看上去都差不多，但在了解其用途之后，顾客也会逐渐了解岩田产品所独具的差别性和价值。

试图为顾客提供最佳睡眠的努力

虽然人生的三分之一都在睡觉，但我们平时并没有对睡眠有过太多的思考。当人们来到这里挑选被子，就会对睡眠有了新的认识。有史老板认为寝具的目的只有一个，那就是辅助深度睡眠。虽然在顾客看来睡眠的形态只有一种，但从销售的角度来看，他们相信产品绝对不能只有一样。因此，为了迎合每一位顾客的睡眠习惯和喜好，岩田配备了各式各样的产品。

岩田的寝具在京都的传统旅馆也有不错的人气。一家将过去贵族的住宅改造成的高级旅馆，就特别看重顾客的睡眠环境，多年来一直使用岩田的产品。对于出售的寝具，岩田会一直负责到底。有史老板会亲自定期拜访客户，检查寝具的状态，倾听顾客投诉意见。他会确认中间部分是否有空洞，屁股的部分是否会有凹陷，确认整个被子的均衡状况。在出售寝具方面，他们会为保障舒适的睡眠持续不断地进行管理。

有史老板的目标就是任何人在使用岩田的寝具后，能够实现深度睡眠。为此他倾注全部心血在销售和服务上，并将持续进行研究。他对人类的睡眠姿势、翻身的程度、恰当的温度和湿度、睡眠中的身体状态等进行研究，并致力于开发出能够为顾客提供最佳深度睡眠状态的产品。

“如果只是单纯地考虑利益，也许能够收获短期的效果，但却走不了多远，考虑到使用人的要求和满意度才是最为重要的。”

正如有史老板所说，岩田的所有努力都可以归结为源自对顾客的考虑。多亏于此，岩田才能够用轻便的羽绒引发了寝具市场的革新。他们甚至改变了人们对睡眠的想法，追求让顾客满意的岩田哲学，就是提升品牌形象和顾客忠诚度，这要比任何奢华广告更加有效。

挑选适合接触人的身体的材料

现在岩田所生产的用来盖的被子全都是羽绒被，老板会亲自走访用于充填的羽绒的生产现场，亲眼确认培养环境、制作能力、品质水准和管理系统等。岩田的被子所使用的鹅毛全都是匈牙利产鹅毛，是等级极高的素材。鹅毛是最为高级的材料，吸湿功能超过了化学纤维的15倍，鸭毛也是一种保温性和透气性极佳的材料，会从匈牙利、波兰、中国台湾等地进口。

虽然这些材料都是从产地严选的，但在引进之后还会经过更加严格的挑选。店里会从20种材料的7种中采集羽绒，采集好的材料样品会在“岩田羽绒研究所”经历第二轮测试，之后才能最终使用。

首先在羽绒中混合蒸馏水搅拌，进行确认羽绒清洁度的检验。在经过约45分钟的混合后，羽绒的污染物质会被检测出。如果污染数值较高，被子用得越频繁味道就越大，这样的羽绒无法当做材料使用。接下来会进行鉴别测试，以所有鹅毛和鸭毛为对象，检查其含量和成分的真伪，并彻底检查其中是否混合有用漂白剂清洗后再利用的羽绒。

动物的羽绒很容易被污染，所以在使用时严格的检查比任何事情都更为重要。织物、丝线、拉链等制作寝具的所有材料，也都获得了欧洲环保纺织协会认可的纺织品生态标准 Oeko-tex Tex Standard 100的有害物质测试，进而获得了顾客的信赖。

手工作业完成的使用多年的寝具

在距离寝具店所在的京都大约80多公里的滋贺县，坐落着有20多名员工的岩田生产工厂。在这里经历各道工序后，岩田的寝具就完成了。

在制作被子时，重要性不亚于充填物的就是布料。为了仔细地检查验收，缝制被子的工作一定要由两名员工一起进行，哪怕是一点细微的缝隙，都可能让羽绒泄露。所以布料上绝对不能有洞，由一名员工进行验收，如果发现上面有洞，就要在这个部分上黏上胶带，另外一名员工会进行剪裁，让这部分不被用到。

剪裁好的布料在经历第一轮的缝合后，就要开始填充羽绒的工作。在挑选羽毛上，人的手工操作更胜于机器。当然将羽绒通过机器，在其中混入空气后会变得更加松软，但只有在这之前用手一一拉松，才能提升被子的品质。

之后，就要按照羽绒标记的容量准确填充。第一轮在被子里填充羽绒时，一定要让羽绒均匀铺展开来。接下来第二轮就是对被子里羽绒进行标准化作业，当然这时候也是需要手工敲打的。与此同时将羽绒更多地汇聚到盖在身上时被子与身体接触的部分，只有这样被子的使用时限才能更持久，标准化作业是制作羽绒被时最为重要的过程。

这种细致的工作也只有手工才能完成。既然是顾客好不容易购买的产品，那就尽可能长久地使用，正是出于这种目的的考量，岩田才会有这样的坚持。乍一看可能会觉得有点简单，但这绝对不是任何人都能做到的事情。对于这些 20 年来只做敲打工作并从中获得经验的员工而言，只要瞄一眼就能知晓哪些部分的羽绒填充得少了。在工作量较多的日子里，每天需要敲打 50 条到100条的被子，手掌也因此通红一片。但是他们表示现在都已经习惯了，敲打的声音在裁缝室里从没有停止过，这份工作虽然无法用肉眼看清，但却能够通过指尖去感觉。负责缝纫的员工也在这里工作了25年，现在已经60岁了。

在挑选羽绒填充时手工操作也胜过机器

岩田的优质寝具都诞生于这些多年来技术娴熟的员工的指尖。他们以睡眠科学为基础，在技术的支撑下完成了岩田寝具的制作，这些寝具就是心意满满的科学产品。

为了全新的产品而永不停止研究的岩田

从不懈怠睡眠研究的有史老板和员工们的热情，还延续到了住宿商品的开发上。他们和京都的一家酒店携手，准备开发一项睡眠项目。这家酒店是世界著名的连锁酒店，在从岩田那里听说了有关睡眠的事情后，开始制作和出售这一住宿商品。

这款商品采用了日本传统疗法，为了让大家可以同时享受到舒适的睡眠和旅行，而所有的寝具也全都配备的是岩田的。

岩田的寝具期待着大家，能使人在暂时让身心放松的旅行中，明白睡觉的重要性。全新产品的开发开始于对员工和顾客的

配备了岩田寝具的酒店

建议的聆听，因此，有史老板会和员工一起召开产品改善会议。因为在现场能够亲自听取顾客的建议，也能够同时了解员工们的创意，对新产品的开发会大有益处。

不管是什么样的内容，有史老板都会仔细聆听，之后再以此为基础，构思出全新的创意。最近他还以这些创意为基础，制造出了许多特色睡眠商品。在岩田的店铺里，大概出售有二十种寝具，最近这一全新睡眠商品也收获了不少人气。

产品都不是短期内创造出来的。将创意变成实际的产品，必须经过无数的实验和反复的研究。这其中新产品包括可以穿着睡觉的羽绒袜，在研制完成之前耗费了想当长的时间，可以穿着睡觉的羽绒袜在想出创意之后，还要保持脚的立体外形，这一点是很困难的。光是为了制作出不给脚施压的外形，就用了大约两年时间。完成后店里还听取了顾客的建议，反复改善，终于造就了现如今的产品，这中间足足耗费了10年的时间。

除了羽绒袜之外，他们还为那些冬天比较怕冷的人开发出了睡眠马甲，为女性开发了睡眠用腰带，这些全都是一些小创意具象化后变成的产品。

最近店里正在集中精力开发环保床垫，因为环境的原因，欧洲正出现弹簧床垫逐渐消失的趋势。因此，岩田制造出了所有部分都能够安全地燃尽的环保产品。作为就算移动也不会反弹或晃动的新素材床垫，骆驼毛、山羊绒、耗牛毛、马尾毛是床垫的主要材料。这种保留了吸湿性、弹性等各种功能的天然素材取代了弹簧。

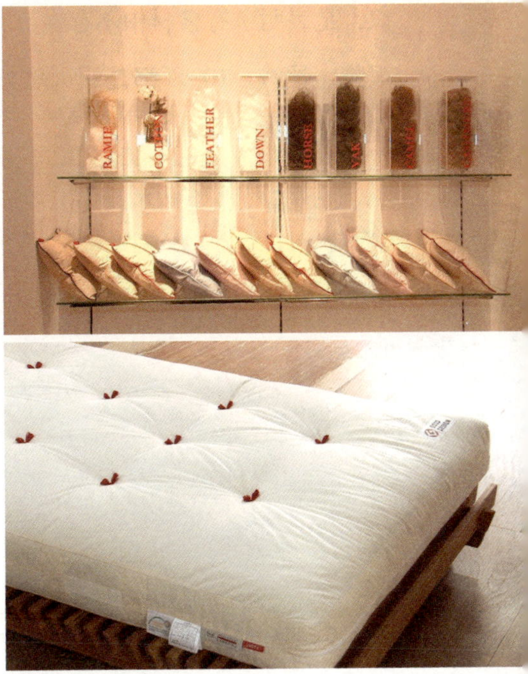

使用新素材制作环保产品（上）
带有“纺织品生态标准”环境认证标记的岩田床垫（下）

床垫的制作过程是在彻底保密的条件下进行的。2008年获得了优秀设计奖的岩田床垫，不仅考虑到了功能性，还均衡地考虑到设计和环境，床垫上的“纺织品生态标准”这一环境认证标识，是表明所有素材中不存在有害物质的证书。从内里的材料到织物、丝线，100% 都是用天然材料制作而成，这些寝具就是健康睡眠的另一个名字。

1. 对材料的严格挑选

所有的材料都需要经过岩田的严格检查才能使用，特别是用作填充物的羽绒，都需要走访生产现场后亲眼进行仔细的确认，带回来的材料样品必须要通过羽绒清洁度和鉴别测试等过程。另外织物、丝线、拉链等制作寝具的所有材料，都会在接受过有害物质测试后再使用。

2. 不出售单纯的寝具，而是出售舒适的睡眠

第五任老板是从 20 年前开始一直研究睡眠科学的睡眠专家，岩田的员工也不仅仅只是在出售产品，而是超越了开发的概念，成为了睡眠专家。以准确的知识和信赖感为基础，为顾客介绍正确的睡眠方法，顾客们也可以在睡眠体验室里亲自尝试各种产品，聆听说明并购买产品。

3. 世代相传的技巧

岩田是从第 3 任老板时期开始研究羽绒被的，而那时候当地尚不存在有关优质羽绒制作的标准和检验方法，第四任老板时期依然坚持研究，并在日本成为首个开发出羽绒织物的公司。结果导致现如今他们已经获得了品质管理和品质认证，包括羽绒的去尘技术在内，已经获得了 50 多个专利。

4. 开发出考虑到人类和环境的新产品

岩田不仅在制作寝具，还制作出了袜子、马甲、腰带等有助于睡眠的新产品，并收获了不错的反响。另外最近店里正在集中精力在环保床垫的开发上。除了产品之外，店里还和酒店携手，创造出了融入身心合一的睡眠项目的住宿商品，一直在持续不断地开发着丰富多样的商品。

店 铺 信 息

地　　址 京都市中京区大阪林木町701-2
官网主页 www.iozon.co.jp
电　　话 +81-75-241-2332

| 后记 |

韩国店铺，走向 100 年

一家店铺能够传承 100 年的条件数不胜数，但是真正能够超越 100 年的企业和店铺却寥寥无几，这也是不争的现实。时代在要求着变化和革新，而那些被速度赶超、被竞争挤压的店铺，就不得不让位于后来居上的新店。更何况已经退休的壮年们和处于就业困难的青年们，纷纷涌入了创业前线，店铺的数量正呈现爆炸性的增长。但实际上能在这场战役中生存下来的人却并不怎么多，同行业的竞争愈发激烈，店铺的生命也越来越短暂。相对来说创业比较简单的面包房和炸鸡店在最近几年急速猛增，就连大企业加盟的面包房，都已经布满了大街小巷，面包房已经呈现出饱和状态。

实际上我们多半会看到面包房隔街相望或是紧紧相连，在抢客人与客人被抢的现实中，梦想着长久之道的小区面包房，总是会无力地在原地挣扎。在互相争夺商圈的竞争之中，别提是一百年的，我们连一家十年之久的店铺都难以期待。

日本一所大学对超过200年的老店的调查结果显示，虽然国外老店的数量不在少数，日本本土就已经有超过3 000家，但在韩国却没有一家。随着时代的改变，老旧的事物渐渐消失，在这个一心只朝前看的社会，存在着一些被遗忘到角落的店铺、一些不知道何时会关门大吉的老店。为了那些懂得赏识历史价值的人，那些拥有着始终如一的美味和诚意，梦想着成就百年希望的店铺，究竟该如何才能坚守下去呢?

在那些坚守着同一条路梦想着成为百年老店的人见人爱的传统店铺之中，制作组邂逅了我们所梦想的百年之路。以年代最为久远的春园堂为起点，到传承了朝鲜时代金箔技术命脉的金箔宴、在小小作坊里发展的济喜粮食综合加工厂、能够感受到工匠呼吸的安城浇铸厂、制作订制刀的一田铁匠铺、靠品质获得认可的信诚保险柜、松林手工制鞋、信诚保险柜制作工坊等，这些经营多年的老店让我们感动和自豪。

其中也不乏在时代危机和变化中一直坚守家业至今，希冀着能够走过 100 年的店铺。在韩国第一家面包房，总能看到人们排长队买面包的景象，这便是群山的骄傲“李盛堂”，每天从韩国各地拥来的客人超过数千名。

经历过了 60 多年的岁月，李盛堂依然能够俘获人心，为了制作出满足顾客口味的面包，这里在持续不断地进行着研究。头发花白的老人家为了一尝当年的味道，牵着孙子的手来到了这家店铺，对群山市民而言，李盛堂是记忆的象征，也是对过去的怀念，通过这家已经成为地区历史的李盛堂可以想见，韩国的店铺也能描绘出 100 年的未来。

不仅要有始终如一的味道和为顾客着想的心态，一家店铺想要传承 100 年之久，最需要的就是家业的继承。在韩国，人们正渐渐明白其重要性，并开始努力提供支持。

中小企业中央会已经建立了家业继承支援中心，为了中小企业能够成功地传承家业、长久地经营下去开始提供支持。

通过世界百年老店，我们也梦想着自己国家实现百年老店的发展，韩国正经历着激变期，百年店铺刚刚开始孕育，现在正开始创造全新的历史。我们希望世界百年老店的发展的秘诀能够成为这条路的指引力量，对于我们来说，百年老店也不是梦。